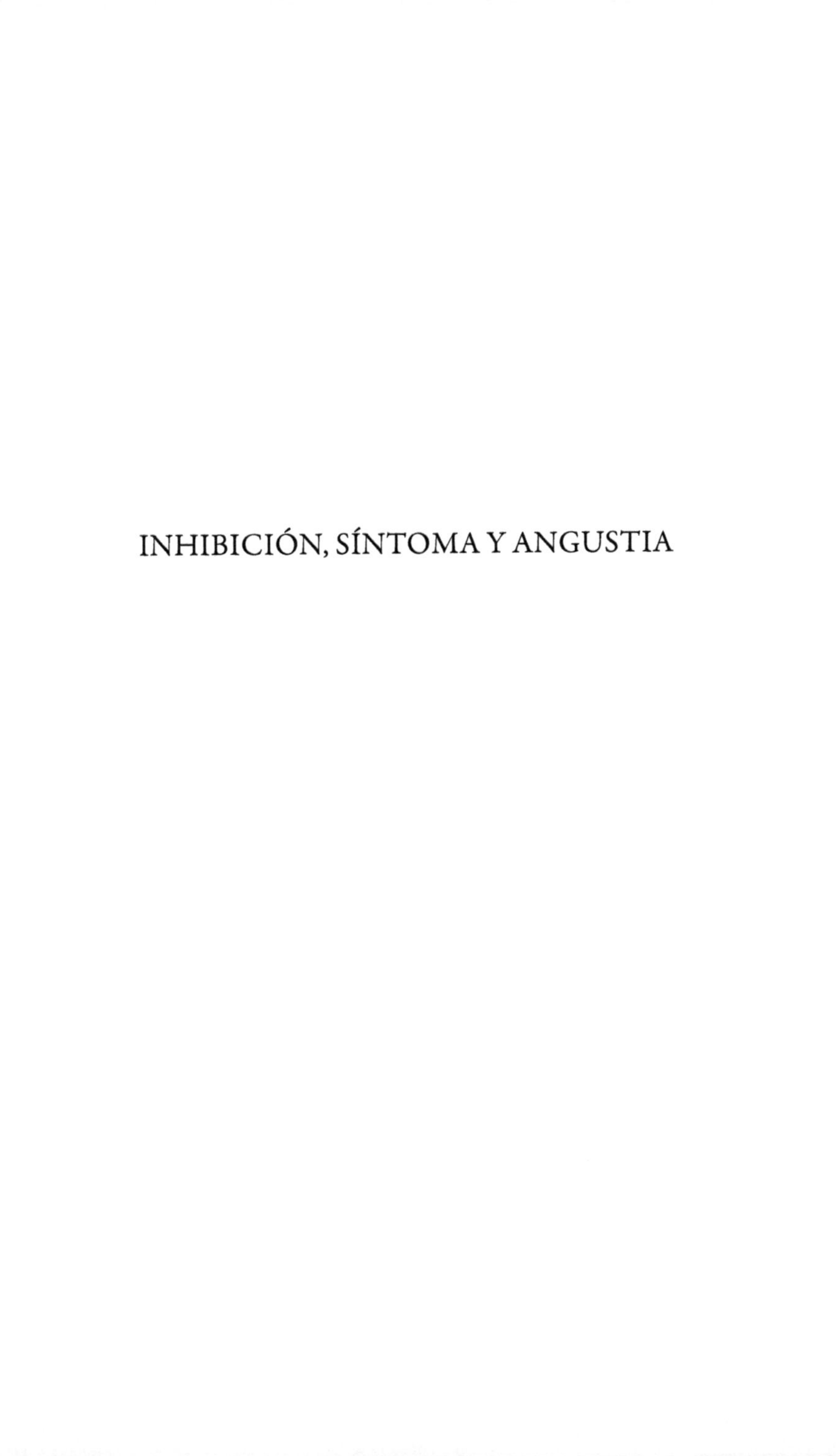

INHIBICIÓN, SÍNTOMA Y ANGUSTIA

Obras Completas de Sigmund Freud
Tomo XI

INHIBICIÓN, SÍNTOMA Y ANGUSTIA

(La neuropsicosis de defensa y otros ensayos)

Traducción directa del alemán por
Luis López-Ballesteros y de Torres

Editorial Iztaccíhuatl, S.A. de C.V.

OBRAS COMPLETAS DE SIGMUND FREUD. TOMO XI
Inhibición, síntoma y angustia

Sigmund Freud
ISBN (obra completa): 978-607-8688-54-8
ISBN (tomo XI): 978-607-8688-56-2
Segunda edición: marzo de 2022

© Editorial Iztaccíhuatl S. A. de C.V.
Miguel Schultz #21, Col. San Rafael,
Del. Cuauhtémoc, Ciudad de México

Corrección de estilo: Yoali E. Crespo López
Diseño y maquetación: Cecilia Neria Anaya
Licencia de impresión a Grupo Editorial Neisa
Impresión: Master Copy, S. A. de C.V. (DocuMaster)

Impreso en México

I

INHIBICIÓN, SÍNTOMA Y ANGUSTIA

I

En la descripción de los fenómenos patológicos acostumbramos emplear dos términos distintos —síntoma e inhibición (*Hemmung*)—; pero, en realidad, no damos demasiada importancia a esta dualidad. Si se nos presentaran casos clínicos en los que nos vemos forzados a reconocer que no integran síntoma alguno, y sí sólo inhibiciones, y no nos interesara averiguar qué circunstancias condicionan la existencia de tales casos, apenas nos preocuparíamos de eliminar entre sí los dos indicados conceptos de síntoma de inhibición.

Lo que sucede es que dichos conceptos pertenecen a distintos campos. La inhibición presenta una relación especial con la función y no significa necesariamente algo patológico. Así, podemos dar el nombre de inhibición de una función a una restricción normal de la misma. En cambio, síntoma vale tanto como signo de un proceso patológico. De todos modos, también una inhibición puede constituir un síntoma, y siendo así, acostumbramos hablar de *inhibición* cuando se trata de una simple disminución de la función, y de *síntoma*, cuando de una modificación extraordinaria de la misma o de una función nueva. En muchos casos, parece quedar al arbitrio del observador acentuar el lado positivo o el negativo del proceso patológico y calificar su resultado de síntoma o de inhibición. Pero todo esto no es, en realidad, muy interesante, y la interrogante de que partimos se demuestra poco fructífera.

Ante el íntimo enlace conceptual antes indicado de la inhibición con la función ha de surgir en nosotros la idea de investigar en qué formas se manifiesta la perturbación de las distintas funciones del *yo* en las diversas afecciones neuróticas.

Para este estudio comparativo elegiremos la función sexual, la nutrición, la locomoción y el trabajo profesional.

a) La función sexual se halla sometida a muy diversas perturbaciones que, en su mayoría, presentan el carácter de simples inhibiciones. Estas se reúnen bajo el concepto de impotencia psíquica. La realización de la función sexual normal supone un curso previo harto complicado, y la perturbación puede instaurarse en cualquier punto del mismo. Las estaciones principales de la inhibición del hombre, son: 1) la desviación de la libido al principio del proceso (displacer psíquico); 2) la falta de la preparación física indispensable (falta de erección); 3) la abreviación del acto (la eyaculación precoz, que puede también ser considerada como un síntoma positivo); 4) la interrupción del mismo antes de su desenlace natural (falta de eyaculación); y 5) la falta del efecto psíquico (de la sensación de placer del orgasmo). Otras perturbaciones son consecuencia del enlace de la función con condiciones especiales de naturaleza perversa o fetichista.

La existencia de una relación de la inhibición con la angustia salta en seguida a la vista. Algunas inhibiciones son evidentemente renuncias a la función a causa de que durante su realización surgiría angustia. En la mujer es frecuente el miedo angustioso directo a la función sexual, angustia que subordinamos a la histeria, del mismo modo que el síntoma defensivo de la repugnancia, el cual se inicia originariamente como reacción ulterior al acto sexual pasivamente soportado, y surge después concomitante a la representación del mismo. También gran número de actos obsesivos demuestran ser prevenciones y aseguramientos contra experiencias sexuales, siendo, por lo tanto, de naturaleza fóbica.

Sin embargo, nuestra comprensión no progresa gran cosa por este camino. Observamos sólo ser varios los procedimientos empleados para perturbar la función sexual: Primero, la simple desviación de la libido, desviación que parece ser lo que más especialmente provoca aquello que denominamos una inhibición pura; segundo, la alteración del ejercicio normal de la función; tercero, la imposibilidad de la misma por condiciones especiales o su modificación por diversión hacia otros fines; cuarto, su prevención por medio de medidas de aseguramiento; quinto, su interrupción por desarrollo de angustia cuando no ha sido imposible impedir su iniciación; y sexto, una reacción ulterior, que protesta contra la función y quiere deshacer lo hecho cuando, a pesar de todo, llegó la función a realizarse.

b) La perturbación más frecuente de la nutrición es la repugnancia a comer por desviación de la libido. Tampoco es raro un incremento del apetito. La obsesión de comer resulta motivada por el miedo a morir de hambre. Hasta el día no ha sido esta obsesión suficientemente investigada. Como defensa histérica contra la ingestión de alimentos, conocemos el síntoma del vómito. La negativa a comer por miedo es propia de estados psicóticos (temor maníaco al envenenamiento).

c) La locomoción aparece inhibida en algunos estados neuróticos por repugnancia a andar y debilidad de las extremidades abdominales. El impedimento histérico se sirve de la parálisis motora del aparato locomotor o crea una interrupción especial de esta función del mismo (abasia). Particularmente características son las alteraciones de la locomoción por interpolación de ciertas condiciones cuyo incumplimiento hace surgir angustia (fobia).

d) La inhibición de la capacidad de trabajo, que tantas veces es objeto de tratamiento como síntoma aislado, se presenta como disminución del deseo de trabajar, como defectuosa realización del trabajo, o en forma de fenómenos de reacción, tales como fatiga, vértigos o vómitos al forzarse el sujeto a continuar su tarea. La histeria impone el abandono del trabajo por medio de la producción de parálisis orgánicas o funcionales cuya existencia es incompatible con la ejecución de la labor. La neurosis obsesiva perturba el trabajo por una continua desviación y por la pérdida de tiempo consiguiente a incesantes interrupciones y repeticiones.

Podríamos extender esta revisión a otras funciones, pero nada más conseguiríamos ni pasaríamos de la superficie de los fenómenos. Así, pues, nos decidiremos por una interpretación que no deja ya por resolver sino un pequeño resto del concepto de la inhibición. La inhibición es la expresión de una *restricción funcional del yo*, restricción que puede obedecer a muy diversas causas. Algunos de los mecanismos de esta renuncia a la función y una cierta tendencia general de los mismos nos son ya harto conocidos.

En las inhibiciones especializadas es fácilmente reconocible la tendencia. Cuando el tocar el piano, el escribir e incluso el andar sucumben a inhibiciones neuróticas, el análisis nos revela la causa en una intensísima erotización de los órganos que en tales funciones intervienen, o sea, de los dedos o de los pies. En general, hemos llegado al conocimiento de que la función yoica de un órgano queda alterada cuando su significación sexual, su "erogeneidad", recibe un incremento. Permitiéndonos una comparación un tanto chocarrera, diremos que se conduce entonces como una cocinera que no quiere acercarse ya al fogón porque el dueño de la casa la ha requerido de amores. Cuando el acto de escribir —consistente en dejar fluir de un mango de caña un líquido sobre un trozo de papel blanco— llega a tomar la significación simbólica del coito, o el de andar la de un sustitutivo simbólico de pisar el seno de la madre Tierra, se deja de escribir o de andar, porque el hacerlo es como si se realizase el acto sexual prohibido. El *yo* renuncia a estas funciones para no tener que llevar a cabo una nueva represión, *para evitar un nuevo conflicto con el Ello*.

Otras inhibiciones tienen efecto, evidentemente, en servicio del autocastigo, muy frecuente sobre todo en el campo de las actividades profesionales. El *yo* no debe hacer determinadas cosas porque habían de traerle consigo provecho y éxito, lo cual ha sido prohibido por el *super-yo*. Entonces, renuncia el *yo* a tales funciones *para no entrar en conflicto con el super-yo*.

Las inhibiciones más generales del *yo* siguen otro distinto mecanismo, uno muy sencillo. Cuando el *yo* se encuentra absorbido por una labor psíquica de particular gravedad, tal como un duelo, una gran supresión afectiva o la tarea de mantener sumergidas fantasías sexuales continuamente emergentes, se empobrece tanto la energía de que puede disponer que se ve obligado a restringir su gasto en muchos lugares, semejante a un especulador que tiene inmovilizado su dinero en sus empresas. Un instructivo ejemplo de tal inhibición general de corta duración me fue ofrecido por un enfermo de neurosis obsesiva, que quedaba sumido en una fatiga paralizadora durante uno o varios días, en ocasiones que habrían debido provocar un acceso de ira. A nuestro juicio, debe de tener aquí su punto inicial un camino que habrá de conducirnos a la comprensión de la inhibición general característica de los estados graves de depresión y, sobre todo, de la melancolía, el más grave de tales estados.

Podemos, pues, decir finalmente de las inhibiciones que son restricciones de las funciones del *yo*, bien como precaución, bien a consecuencia de un empobrecimiento de energía. Fácilmente vemos ya en qué se diferencia la inhibición del síntoma. El síntoma no puede ser ya descrito como un proceso en el *yo*.

II

Los rasgos fundamentales de la formación de síntomas han sido ya estudiados por nosotros hace mucho tiempo y esperamos haberlos fijado indiscutible y definitivamente. El síntoma sería, pues, un signo y un sustitutivo de una no lograda satisfacción de un instinto, un resultado del proceso de la represión. La represión parte del *yo*, que a veces por mandato del *super-yo*, rehúsa agregarse a una carga instintiva iniciada en el *Ello*. Por medio de la represión logra el *yo* que la representación sustentadora del impulso afectivo indeseable quede mantenida lejos de la conciencia. El análisis revela muchas veces que dicha representación ha continuado existiendo como formación inconsciente. Hasta aquí vamos viendo claro, pero no tardan en presentarse dificultades aún no resueltas.

En las descripciones que hasta ahora hemos hecho del proceso de la represión aparece, desde luego, acentuado el apartamiento de la conciencia de la representación reprimida, como resultado del proceso represor; pero en estos extremos, se deja aún margen a ciertas dudas. Así, la cuestión de cuál es el destino del impulso instintivo activado en el *Ello* y que tiende a su satisfacción. A esta interrogante respondimos indirectamente diciendo que por el proceso de la represión se transformaban en displacer el placer de satisfacción esperado, hallándonos entonces ante el problema de cómo podía ser displacer el resultado de una satisfacción de un instinto. Cuestión que esperamos dejar explicada declarando que la descarga de excitación propuesta en el *Ello* no tiene efecto a consecuencia de la represión, consiguiendo el *yo* inhibirla o desviarla. De este modo queda resuelto el enigma de la "transformación de los afectos" en la represión. Pero con ello concedemos que el *yo* puede ejercer sobre los procesos desarrollados en el *Ello* una muy amplia influencia, y habremos de investigar por qué medios se le hace posible desarrollar tan sorprendente poderío.

A mi juicio, tal influencia la adquiere el *yo* a consecuencia de sus íntimas relaciones con el sistema de la percepción, relaciones que constituyen su esencia y la causa de su diferenciación del *Ello*. La función de este sistema se halla enlazada al fenómeno de la conciencia. El sistema de la percepción no recibe solamente estímulos del exterior, sino también del interior, y por medio de las sensaciones de placer y displacer intenta orientar todas las corrientes del suceder anímico en el sentido del principio del placer. Gustamos de suponer al *yo* impotente contra el *Ello*, pero lo cierto es que cuando pugna contra un proceso instintivo desarrollado en el *Ello*, no necesita sino dar una *señal de displacer* para alcanzar su propósito con la ayuda del principio del placer, instancia casi omnipotente. Considerando aisladamente esta situación, podemos ilustrarla con un ejemplo procedente de una distinta esfera: En un Estado existe una pequeña minoría contraria a la adopción de una determinada medida legislativa. Esta medida satisfaría las aspiraciones de la gran masa ciudadana, pero la minoría adversa se apodera de la prensa, trabaja por su mediación la soberana "opinión pública" y consigue impedir la promulgación de la ley proyectada.

A esta solución vienen a enlazarse nuevas interrogantes, entre ellas la referente a la procedencia de la energía empleada para generar la señal de displacer. Nos sirve de orientación en este punto la idea de que la defensa contra un proceso interior indeseado puede desarrollarse análogamente a la defensa contra un estímulo externo, esto es, la idea de que el *yo* sigue en su defensa, tanto contra peligros exteriores como interiores, un mismo camino. Ante un peligro exterior emprende el ser orgánico un intento de fuga, comenzando por retirar la carga de la percepción de lo peligroso; pero después reconoce como el medio más eficaz la ejecución de actos musculares, tales que la percepción del peligro, aunque no es ya negada, queda hecha imposible, sustrayéndose así a la esfera de acción del peligro. La represión equivale a tal intento de fuga. El *yo* retrae la carga (preconsciente) de la representación instintiva que de reprimir se trata y la utiliza para la génesis de displacer (de angustia). El problema de cómo surge la angustia en la represión puede muy bien ser de carácter complejo, pero ello no obsta para mantener la idea de que el *yo* es la verdadera sede de la angustia y rechazar la opinión primitiva de que la energía de carga del movimiento afectivo reprimido era transformada automáticamente en angustia. Al expresarnos así en ocasiones anteriores realizamos una descripción fenomenológica y no una exposición metapsicológica.

De lo dicho se deriva otra nueva interrogante: la de cómo es posible, económicamente, que un mero proceso de sustracción o desviación, como el que tiene efecto al retraer la carga preconsciente del *yo*, pueda generar displacer o angustia, afectos que, según nuestras hipótesis, sólo pueden ser consecuencias de una elevada carga. A esto responderemos que tal motivación no necesita aclaración económica alguna, pues la angustia que surge en la represión no es creada de nuevo, sino reproducida como estado afectivo, según una imagen mnémica previa. Pero planteando la interrogante sobre la procedencia de esta angustia —o, en general, de los afectos— abandonamos el terreno psicológico, indiscutido, y penetramos en el campo limítrofe de la Fisiología. Los estados afectivos se hallan incorporados a la vida anímica como residuos de sucesos traumáticos primitivos, y despiertan como símbolos mnémicos en situaciones análogas a dichos antiquísimos sucesos. No creo haber incurrido en error al equipararlos a los ataques histéricos, de ulterior adquisición individual, y considerarlos como sus modelos normales. El acto del nacimiento del hombre y en los animales superiores, como primera experiencia angustiosa individual, parece haber prestado a la expresión del afecto de angustia rasgos característicos. Pero no debemos exagerar la importancia de esta conexión, ni desconocer que el símbolo afectivo es una necesidad biológica de la situación de peligro, en la cual habría siempre de ser creado tal símbolo. Creo, además, injustificado admitir que en toda explosión de angustia suceda en el alma algo equivalente a una reproducción de la situación del nacimiento. Ni siquiera es seguro que los ataques histéricos, los cuales son primitivamente reproducciones traumáticas de este género, conserven a la larga tal carácter.

En otro lugar hube ya de indicar que la mayor parte de las represiones que se nos presentan en nuestra labor terapéutica son casos de represión *secundaria*. Suponen, en efecto, *represiones* primitivas, que ejercen una influencia de atracción sobre las nuevas situaciones. Nuestro conocimiento de estos fondos y estadios primitivos de la represión es aún harto insuficiente. Con suma facilidad se cae en el error de exagerar el papel que el *super-yo* desempeña en la represión. De momento no es posible aún determinar si la aparición del *super-yo* crea la línea divisoria entre la represión primitiva y la secundaria. De todos modos, las primeras explosiones de angustia, muy intensas, tienen efecto antes de la diferenciación del *super-yo*, y es muy posible que los más próximos motivos de la represión primitiva sean factores cuantitativos, tales como una extraordinaria intensidad de la excitación o la ruptura de la protección contra los estímulos.

La mención de este dispositivo protector nos recuerda que las represiones surgen en dos situaciones diferentes: cuando una percepción externa despierta un impulso instintivo indeseable y cuando un tal impulso emerge en el interior sin estímulo alguno externo. Más adelante volveremos sobre esta dualidad. Por ahora, nos limitaremos a advertir que sólo contra los estímulos externos y no contra los impulsos instintivos internos existe un dispositivo protector.

En tanto estudiamos el intento de fuga del *yo*, permanecemos lejos del tema de la formación de síntomas. El síntoma surge del impulso instintivo obstaculizado por la represión. Cuando con la intervención auxiliadora de la señal de displacer logra el *yo* su propósito de subyugar totalmente el impulso instintivo, no logramos la menor noticia del proceso represivo. Sólo en los casos de represiones más o menos fracasadas conseguimos seguir el curso de dicho proceso. En estos casos comprobamos generalmente que el impulso instintivo ha encontrado, a pesar de la represión, un sustitutivo, si bien muy disminuido, desplazado y coartado, siendo imposible reconocer tal sustitutivo como una satisfacción del instinto objeto de la represión. Su realización no produce tampoco placer ninguno y, en cambio, toma un carácter obsesivo. Pero en este rebajamiento de la satisfacción a la categoría de síntoma, muestra aún su poderío la represión en un distinto aspecto. El proceso sustitutivo ve, en efecto, dificultada su descarga por medio de la motilidad, y cuando tal detención no queda por completo conseguida se ve obligado a agotarse en su propia transformación, privado de extenderse al mundo exterior e impedido de transformarse en acción. Deducimos, pues, que en la represión labora el *yo* bajo la influencia de la realidad exterior y excluye, por lo tanto, de esta realidad el éxito del proceso sustitutivo.

El *yo* domina tanto el acceso a la conciencia como el paso a la acción hacia el mundo exterior, y en la represión ejerce su poderío en ambas direcciones: por un lado, sobre la representación, y por otro, sobre el impulso instintivo mismo. Surge aquí la cuestión de cómo este reconocimiento del poderío del *yo* puede conciliarse con la descripción que de la situación del mismo hicimos en nuestro estudio *El yo y el Ello*[1], en el cual

[1] Véase el tomo IX de estas *Obras Completas*.

afirmamos que el *yo* se hallaba, tanto con respecto al *Ello* como con respecto al *super-yo*, en una relación de dependencia y describimos su impotencia y su disposición a la angustia ante ambos, revelando la trabajosa dificultad con la que mantenía su superioridad. Este aserto ha encontrado desde entonces resonante eco en la literatura psicoanalítica, siendo ya muchos los autores que acentúan insistentemente la debilidad del *yo* con respecto al *Ello*, de lo racional con respecto a lo demoníaco, disponiéndose a convertir este principio en base fundamental de una "concepción psicoanalítica del universo". Ahora bien, el conocimiento de cómo actúa la represión es quizá muy apropiado para retener al analítico ante una tan extrema decisión.

Personalmente no soy partidario de la elaboración de sistemas universales. Es esta una tarea que debemos dejar a los filósofos, los cuales, según repetida confesión, no consideran realizable el viaje a través de la vida sin un tal Baedeker con noticias de todo y sobre todo. Por nuestra parte, aceptamos humildemente el desprecio con que los señores filósofos nos miran desde su más elevada indigencia. Mas como tampoco nos es posible dominar por completo nuestro orgullo narcisista, buscaremos un consuelo reflexionando que todas estas "guías de la existencia" envejecen pronto, que precisamente nuestra labor limitada y de corto alcance es la que hace necesarias nuevas ediciones, y que incluso los más modernos Baedeker de este género no son sino tentativas de sustituir el viejo catecismo, tan cómodo y completo.

Sabemos muy bien cuán poca luz ha podido arrojar hasta ahora la ciencia sobre los enigmas de este mundo. Todos los esfuerzos de los filósofos continuarán siendo vanos. Sólo una paciente perseverancia en una labor que todo lo subordine a una aspiración a la inmutable y segura certeza puede lentamente lograr algo. El viajero que camina en la obscuridad rompe a cantar para engañar sus temores, mas no por ello ve más claro.

III

Retornemos al problema del *yo*: la aparente contradicción antes señalada procede de que consideramos demasiado inflexible las abstracciones y sólo observamos cada vez un único aspecto de los varios que presenta una complicada totalidad. La diferenciación entre el *yo* y el *Ello*, que hubo de sernos impuesta por determinadas particularidades, parece plenamente justificada. Mas, por otra parte, el *yo* y el *Ello* coinciden, no siendo el primero sino una parte especialmente diferenciada del segundo. Cuando confrontamos en nuestro pensamiento esta parte con la totalidad o cuando entre ambas surge realmente la discordia, se nos evidencia la debilidad del *yo*. En cambio, cuando el *yo* permanece enlazado al *Ello*, sin distinguirse de él, nos muestra una intensa energía. Análogamente sucede en la relación entre el *yo* y el *super-yo*. En muchas situaciones se confunden a nuestra vista. Únicamente nos es dado distinguirlos cuando entre ambos surge un conflicto. Con respecto a la represión, resulta decisivo el hecho de ser el *yo* una organización y el *Ello* no. El *yo* es, en efecto, la parte organizada del *Ello*. Sería injustificado representarse el *yo* y el *Ello* como dos territorios ocupados por ejércitos enemigos y suponer que en la represión trata el *yo* de someter una parte del *Ello*, acudiendo entonces las restantes del *Ello* a prestar auxilio a la atacada y midiendo sus fuerzas con el *yo*. Esto puede realmente suceder con cierta frecuencia, pero no constituye, desde luego, la situación inicial de la represión. Por lo regular, el impulso instintivo que de reprimir se trata permanece aislado. El acto de la represión nos evidencia, por un lado, la energía del *yo*; mas, por otro, testimonia también de su impotencia, así como de la impenetrabilidad de los diversos impulsos instintivos del

Ello a su influencia, pues el proceso convertido en síntoma por la represión afirma su existencia fuera de la organización del *yo* e independientemente de ella. No sólo dicho proceso, sino todas sus ramificaciones gozan de igual privilegio —podríamos decir que del privilegio de extraterritorialidad—, y no es quizá muy aventurado sospechar que allí donde se encuentran asociativamente con partes de organización del *yo*, las atraen a sí, extendiéndose, con su adquisición a costa del *yo*. Un paralelo que nos es familiar hace ya mucho tiempo equipara el síntoma a un cuerpo extraño que mantiene incesantes fenómenos de estímulo y reacción en el tejido en el que se ha alojado. Sucede ciertamente a veces que la lucha defensiva contra el impulso instintivo indeseable queda terminada con la formación de síntomas. Que sepamos, es la conversación histérica donde esto puede darse con mayor facilidad; mas, por lo general, hallamos un curso muy distinto. Al primer acto de represión sigue un largo estadio, a veces interminable. La lucha contra el impulso instintivo encuentra su prosecución en la lucha contra el síntoma.

Esta lucha secundaria de defensa nos muestra dos aspectos diferentes. De una parte, el *yo* se ve forzado por su propia naturaleza a emprender algo que hemos de considerar como una tentativa de restauración o de conciliación. El *yo* es una organización; se basa en el libre comercio de todos sus componentes entre sí y en la posibilidad de su recíproco influjo; su energía desexualizada proclama aún su procedencia en la aspiración a la unión y a la unificación, y esta obsesión de síntesis crece en razón directa de la fortaleza del desarrollo del *yo*. Se hace así comprensible que el *yo* intente suprimir el extrañamiento y el aislamiento del síntoma, utilizando todas las posibilidades de enlace con él e incorporándolo a su organización por medio de tales lazos. Sabemos que una tal aspiración influye ya sobre el acto de la formación de síntomas. Aquellos síntomas histéricos que se nos han evidenciado como transacciones entre la necesidad de satisfacción y la de castigo constituyen un claro ejemplo del proceso descrito. Como cumplimiento de una exigencia del *super-yo* tienen tales síntomas desde su principio participación en el *yo*, significando, por otro lado, posiciones de los impulsos reprimidos y puntos de penetración de los mismos en la organización del *yo*. Son, por decirlo así, estaciones fronterizas con carga mixta. Sería interesante investigar con minuciosidad si todos los síntomas histéricos primarios presentan esta misma estructura. En el curso ulterior del proceso se comporta el *yo* como si se guiase por la reflexión de que, una vez surgido el síntoma y siendo imposible suprimirlo, ha de ser lo mejor familiarizarse con la situación dada y sacar de ella el mejor partido posible. Tiene entonces efecto una adaptación al elemento del mundo interior extraño al *yo*, representado por el síntoma, adaptación análoga a la que el *yo* lleva a cabo normalmente con respecto al mundo exterior real. Para la cual no faltan nunca motivos ni ocasiones. La existencia del síntoma puede traer consigo cierto impedimento de la función, el cual hace posible satisfacer una exigencia del *super-yo* o rechazar una aspiración del mundo exterior. De este modo es atribuida paulatinamente al síntoma la representación de intereses cada vez más importantes, con lo cual adquiere un valor para la autoafirmación, se enlaza cada vez más íntimamente al *yo* y le es cada vez más indispensable. Sólo en casos muy raros puede seguir el proceso de la enquistación de un cuerpo extraño una marcha semejante. La importancia de esta adaptación secundaria al síntoma se ha llegado también a exagerar, afirmando que el *yo* no ha creado el síntoma sino precisamente para gozar de sus ventajas. Pero esto equivale a suponer que un soldado se había dejado herir de gravedad para vivir en adelante sin trabajar, a costa del Estado.

Otras formas sintomáticas distintas —las de la neurosis obsesiva y la paranoia— adquieren un alto valor para el *yo*, no por suponer ventaja alguna, sino por aportarle una satisfacción narcisista inaccesible de otro modo. Las formaciones de sistemas de los enfermos de neurosis obsesiva halagan su amor propio con la ilusión de que son hombres mejores que los demás, por ser más puros o de más estrecha conciencia; y los delirios de la paranoia abren a la agudeza y fantasía del paciente un amplio campo de acción, difícilmente sustituible. De todas estas circunstancias resulta aquello que nos es conocido con el nombre de *ventaja de la enfermedad* (secundaria) de la neurosis. Esta ventaja apoya la tendencia del *yo* a incorporarse el síntoma y fortalecer la fijación de este último. Cuando luego intentamos prestar nuestra ayuda analítica al *yo* en su lucha contra el síntoma descubrimos en el lado de la resistencia la actuación de los enlaces conciliadores entre el *yo* y el síntoma, no siendo nada fácil destruirlos. Los dos procedimientos que el *yo* utiliza contra el síntoma se hallan en mutua contradicción.

El otro procedimiento es de carácter menos pacífico. Continúa la obra de la represión. Sin embargo, no debemos tachar al *yo* de inconsecuente. El *yo* es pacifista y quisiera incorporarse el síntoma, acogiéndolo en su totalidad. La perturbación parte del síntoma que, en calidad de verdadera sustitución y ramificación del impulso reprimido, cuyo papel continúa desempeñando y cuyas exigencias de satisfacción renueva de continuo, fuerza al *yo* a dar de nuevo la señal de displacer y a aprestarse a la defensa.

La lucha defensiva secundaria contra el síntoma es multiforme, se desarrolla en diversos terrenos y emplea muy distintos medios. Para poder decir algo de esta lucha habremos de investigar los distintos casos de formación de síntomas. En esta labor, hallaremos ocasión de entrar en el problema de la angustia, problema que sospechamos nos aguarda oculto en el último término. No hallándonos aún preparados a la hipótesis de la formación de síntomas en la neurosis obsesiva, en la paranoia y en otras neurosis, partiremos de los síntomas que crea la neurosis histérica.

IV

El primer caso que someteremos a observación será el de una zoofobia histérica infantil; por ejemplo, la fobia de "Juanito"[2] a los caballos, caso seguramente típico en todos sus rasgos principales. A primera vista observamos ya que las circunstancias de un caso real de enfermedad neurótica son mucho más complicadas de lo que suponemos mientras laboramos con abstracciones. Ya en un principio resulta difícil averiguar cuál es el impulso reprimido, cuál su síntoma sustitutivo y cuál el motivo de la represión.

Juanito se niega a salir a la calle porque le dan miedo los caballos. Esta es la materia prima que se ofrece a nuestra investigación. ¿Cuál es aquí el síntoma? ¿El desarrollo de angustia? ¿La elección del objeto de la misma? ¿La renuncia al movimiento libre o varias de estas circunstancias a la vez? ¿Dónde está la satisfacción que Juanito se prohíbe? ¿Y por qué tal prohibición?

Parece en un principio plausible objetar que el caso no es tan enigmático como suponemos. El miedo incomprensible al caballo sería el síntoma, y a la incapacidad de salir a la calle un fenómeno de inhibición, una restricción que el *yo* se impone para no despertar el síntoma de angustia. Conformes por lo que respecta a esto último, dejaremos en adelante fuera de la discusión lo referente a la inhibición. Pero, en cambio, nuestro primer contacto con el caso no nos revela siquiera la verdadera expresión del síntoma supuesto. Una más precisa observación

[2] Véase el estudio titulado *Análisis de la fobia de un niño de cinco años (Caso «Juanito»)*, que aparecerá en estas *Obras Completas*.

nos muestra luego, que no se trata de un miedo indefinido de Juanito a los caballos, sino precisamente de temor angustioso a que un caballo le muerda. Desde luego, este contenido trata de sustraerse a la conciencia y ser sustituido por la fobia indeterminada, en la cual sólo aparecen ya la angustia y su objeto. ¿Será entonces quizá tal contenido el nódulo del síntoma?

No avanzaremos un solo paso mientras no consideremos la total situación psíquica del infantil sujeto tal y como se nos fue revelando en el curso de la labor analítica. Juanito, dominado por el complejo de Edipo, se halla colocado en una situación de celos y hostilidad con respecto a su padre, al que, sin embargo, quiere entrañablemente en cuanto no entra en consideración la madre, causa de la discordia. Nos encontramos, pues, ante un conflicto de ambivalencia: amor y odio, ambos justificados con respecto a una misma persona. Su fobia tiene que ser una tentativa de solución de este conflicto. Tales conflictos de ambivalencia son muy frecuentes, y ya conocemos otro en sus desenlaces típicos, consistente en que uno de los dos impulsos en pugna, el cariñoso generalmente, se intensifica de un modo extraordinario, desapareciendo el otro. Sólo el exceso de ternura y su carácter compulsivo nos revela que esta disposición cariñosa no es la única existente y que se conserva siempre vigilante para mantener sometida a su contraria. En estos casos consideramos como origen de la situación una represión por reacción (en el *yo*). Pero casos como el de Juanito no muestran indicio alguno de una tal reacción. Los conflictos por ambivalencia pueden tener, en efecto, diversos desenlaces.

En cambio, el caso de Juanito nos descubre, con toda certeza, algo distinto.

El impulso instintivo que sucumbe a la represión es un impulso hostil contra el padre. El análisis nos aportó la prueba correspondiente al investigar el origen de la idea del caballo agresor. Juanito había visto una vez caerse a un caballo, y en otra ocasión, caerse y herirse a uno de sus infantiles camaradas con el que jugaba a los caballos. El análisis nos llevó a suponer justificadamente en Juanito un impulso optativo consistente en el deseo de que su padre se cayera y se hiriese como el caballo y el compañero de juego. Circunstancias enlazadas con un viaje del padre nos hicieron luego sospechar que el deseo de su desaparición halló aún otra expresión menos tímida. Ahora bien, un impulso así equivalente a la intención de llevar el sujeto a cabo, por sí mismo, la supresión deseada, esto es, al impulso asesino del complejo de Edipo.

Hasta ahora no vemos ningún camino que conduzca desde este impulso reprimido a la sustitución del mismo que sospechamos en la fobia a los caballos. Para hacer más transparente el caso simplificaremos la situación psíquica de Juanito, prescindiendo de la ambivalencia y de la infantil edad del sujeto, y supondremos que se trata de un criado joven, enamorado de su señora, de la que ha logrado obtener correspondencia. Es indudable que odiará al marido y señor, más poderoso y fuerte, y que deseará su desaparición. La consecuencia más natural de esta situación será que, al mismo tiempo, temerá la venganza del amo, esto es, que surgirá en él un estado de angustia temerosa con respecto al mismo, totalmente análoga al miedo de Juanito a los caballos. Quiere esto decir que no podemos calificar de síntoma la angustia de esta fobia. Si Juanito, que está enamorado de su madre, mostrara miedo a su padre, no tendríamos ningún derecho a atribuirle una neurosis ni una fobia. Nos hallaríamos simplemente ante una reacción afectiva muy comprensible. Lo que hace de esta reacción una neurosis es única y exclusivamente la sustitución del padre por el caballo. Este desplazamiento es lo que puede calificarse de síntoma y lo que constituye el otro mecanismo que permite la solución del conflicto por ambivalencia sin el auxilio de la formación de reacciones. Este mecanismo resulta posible o queda facilitado por la circunstancia de que las huellas innatas del pensamiento totemista despiertan aun fácilmente en la tierna edad de nuestro sujeto. El abismo que separa al hombre del animal no ha sido aún reconocido, ni mucho menos sobreacentuado como más tarde lo es. El hombre adulto, admirado y al mismo tiempo temido, se halla aún para el niño en el mismo plano que el corpulento animal, al cual se envidia por múltiples motivos, pero contra el cual se ha sido repetidamente prevenido porque puede ser peligroso. El conflicto de ambivalencia no queda, pues, resuelto en una sola y misma persona, sino simplemente esquivado por medio de un rodeo consistente en desplazar uno de los dos impulsos que lo integran sobre una persona distinta como sustituto.

Hasta aquí vamos viendo claro, pero en otro punto nos causa el análisis de la fobia de Juanito un gran desengaño. La deformación en la que consiste la formación del síntoma no es efectuada en la representación (en el contenido de la representación) del impulso que de reprimir se trata, sino en otra muy distinta, que no corresponde sino a una reacción a lo verdaderamente odiado. Lo que esperábamos era más bien que en vez de su miedo a los caballos hubiera presentado Juanito una tendencia a maltratarlos, o hubiera dado clara expresión al deseo de verlos caerse, herirse y hasta sucumbir entre convulsiones (el pataleo del que Juanito habla repetidamente). En el análisis surge, desde luego, algo de esto; pero no aparece en primer término de la neurosis, ni —cosa singular— nosotros hubiéramos diagnosticado su caso como una neurosis si su síntoma principal hubiera sido tal hostilidad dirigida tan sólo contra el caballo en lugar de contra su padre. Algo hay, pues, aquí equivocado, bien en nuestra concepción de la represión, bien en nuestra definición de un síntoma. Ahora bien, se nos ocurre en seguida que si Juanito hubiese mostrado realmente una tal conducta con respecto a los caballos, la represión no habría modificado en absoluto el carácter agresivo del impulso instintivo y sí sólo cambiado su objeto.

Desde luego hay casos de represión que se mantienen dentro de este límite, pero en la fobia de Juanito ha sucedido algo más. Así nos lo demuestra otra parte del análisis.

Hemos visto ya que Juanito indicaba como contenido de su fobia el miedo angustioso a ser mordido por un caballo. Posteriormente hemos tenido ocasión de penetrar en la génesis de otro caso de zoofobia, en el cual el animal temido era el lobo, pero también como sustitución del padre[3]. En conexión con un sueño cuando niño, que el análisis logró hacer transparente, se desarrolló en el sujeto de este caso —un joven ruso de 30 años— el miedo a ser devorado por el lobo, como uno de las siete cabritas de la fábula. El hecho de que el padre de Juanito hubiera jugado con este a los caballos determinó seguramente la elección del animal temido. Del mismo modo resultaba por lo menos muy probable en el segundo caso que el padre del sujeto fingiera alguna vez, en sus juegos infantiles con su hijo, ser un lobo que amenazaba devorarlo. Después de este caso, he observado aún otro cuyo sujeto era un joven americano y en el que no se había desarrollado zoofobia alguna, pero que precisamente por tal ausencia de zoofobia nos ayudó a comprender los casos anteriores. La excitación sexual del sujeto se había inflamado al escuchar la lectura de un cuento infantil en el que se trataba de un caudillo árabe que perseguía a una persona, cuyo cuerpo estaba hecho de una sustancia comestible (el *gingerbreadman*[4]), para devorarla. Con este hombre comestible se identificaba el joven. El caudillo resultaba fácilmente reconocible como un sustitutivo del padre. Esta fantasía constituyó la primera base de

[3] Véase el estudio *Historia de una neurosis infantil (Caso «el hombre de los lobos»)*, que se publicará en estas *Obras Completas*.

[4] El hombre de jengibre.

la actividad autoerótica del sujeto. Ahora bien, la representación de ser devorado por el padre es una antiquísima representación típica infantil, y sus analogías mitológicas (Cronos) y de la vida animal son generalmente conocidas.

De todos modos, a pesar de tales antecedentes, nos parece esta representación tan extraña que no acabamos de decidirnos a atribuírselo a un niño. No sabemos tampoco si realmente significa lo que parece expresar, ni comprendemos qué puede llegar a ser objeto de una fobia. Pero la investigación analítica nos proporciona las aclaraciones necesarias, mostrándonos que la representación de ser devorado por el padre es la expresión regresivamente rebajada de un impulso amoroso pasivo, del ansia de ser amado por el padre en el sentido del erotismo genital. La observación de toda la historia de este caso no deja lugar alguno a dudas sobre la exactitud de nuestra interpretación, aunque el impulso genital no delate ya nada de su intención amorosa al ser expresado en el lenguaje de la fase de transición, superada desde la organización oral de la libido a su organización sádica. Ahora bien: ¿se trata sólo de una sustitución de la representación por una expresión regresiva o de un rebajamiento regresivo real del impulso de orientación genital dado en el *Ello*? No parece nada fácil decidirlo. El historial clínico del sujeto ruso al que antes aludimos, y para el cual el animal objeto de su zoofobia era el lobo, testimonia en favor de la segunda y la más seria de las posibilidades expuestas, pues a partir del sueño decisivo se condujo pésimamente, atormentado a todos los que le rodeaban, dando visibles muestras de impulsos sádicos y cayendo al poco tiempo en una típica neurosis obsesiva. De todas maneras, llegamos al conocimiento de que la represión no es el único medio de que dispone el *yo* para defenderse contra un impulso indeseado. Cuando consigue forzar el instinto a una regresión, logra, en efecto, un resultado más dañino del que alcanzaría por medio de la represión. Sin embargo, algunas veces emplea también ésta con posterioridad a la regresión primeramente conseguida.

El caso del sujeto ruso y el de Juanito, algo más sencillo, sugieren aún algunas otras reflexiones, mas, por lo pronto, descubrimos ya dos cosas inesperadas. Resulta indiscutible que el impulso instintivo reprimido en estas fobias es un impulso hostil contra el padre. Puede decirse que queda reprimido por el proceso de transformación en su contrario. En lugar de la agresión contra el padre surge la agresión —la venganza— del padre contra la persona del sujeto. Como de todos modos la fase sádica de la libido integra de por sí tal agresión, no precisa ya esta última, sino de un cierto descenso al grado oral, que en Juanito aparece indicado por el temor a ser mordido, y en el ruso, claramente expresado por el temor a ser devorado. Pero, además, el análisis permite fijar con plena seguridad, que, simultáneamente, ha sucumbido a la represión otro distinto impulso instintivo de sentido contrario: el amoroso pasivo hacia el padre, impulso que había alcanzado ya el nivel de la organización genital (fálica) de la libido. Este último impulso parece incluso ser el más importante para el resultado final del proceso represivo, siendo el que experimenta más amplia regresión y ejerciendo influencia determinante sobre el contenido de la fobia. Así, pues, allí donde no hemos vislumbrado sino una sola represión de un instinto, habremos de reconocer la coincidencia de dos de estos procesos, constituyendo los dos impulsos instintivos correspondientes —agresión sádica contra el padre y disposición amorosa pasiva con respecto a él— un par antitético. Aún más: interpretando exactamente la historia de Juanito, reconocemos que la formación de su fobia ha suprimido también la carga de libido correspondiente a la madre como objeto amoroso, supresión de la cual nada nos revelaba el contenido de la fobia. Se trata en Juanito —en el ruso no aparece tan clara situación— de un proceso de represión que recae sobre casi todos los componentes del complejo de Edipo, esto es, sobre el impulso hostil contra el padre, el amoroso hacia el mismo y el amoroso hacia la madre.

Son éstas complicaciones indeseadas por nosotros, que no queríamos estudiar sino casos sencillos de formación de síntomas a consecuencia de la represión y nos habíamos orientado con tal intención hacia las más tempranas neurosis de la infancia, transparentes en apariencia. Pero en vez de una sola represión hemos hallado un cúmulo de tales procesos y, además, nos ha salido al paso de regresión. Quizá también hayamos contribuido nosotros a aumentar la confusión al obstinarnos en aplicar un mismo criterio a los dos análisis de zoofobias que constituían nuestro material disponible, esto es, a los análisis de los casos de Juanito y del ruso. Ahora vemos ya ciertas diferencias entre ellos. Sólo de Juanito podemos decir que descarga por medio de su fobia los dos impulsos principales del complejo de Edipo: el agresivo contra el padre y el amoroso hacia la madre. El impulso amoroso hacia el padre existe también desde luego, y desempeña su papel en la represión de su contrario, pero no es posible demostrar que fuera suficientemente fuerte para provocar una represión ni que después quedase suprimido. Juanito parece haber sido un niño normal con el complejo de Edipo llamado "positivo". Es muy posible que los factores que en su caso echamos de menos actuasen también en él, pero no nos es posible señalarlos, pues el material de nuestros análisis, incluso de los más detallados y profundos, presenta siempre lagunas, y nuestra documentación es siempre incompleta. En el caso del ruso, el defecto se nos presenta en otro lugar: su relación con el objeto femenino ha sido perturbada por una temprana seducción; su lado femenino se halla muy desarrollado y el análisis de su sueño con el lobo descubre muy poco de agresión intencional contra el padre, aportando, en cambio, pruebas inequívocas de que la represión se refiere a la disposición amorosa pasiva con respecto al mismo. También aquí pueden haber intervenido otros factores, pero no se nos hacen visibles. Si a pesar de estas diferencias entre los dos casos, diferencias que los hacen casi antitéticos, es casi el mismo resultado final constituido por la fobia, tal identidad tendrá su explicación en terreno distinto de aquel en que la hemos buscado hasta ahora. Hallamos, en efecto, la explicación buscada en el segundo resultado de nuestra pequeña investigación comparativa. Creemos conocer en ambos casos el motivo de la represión, y vemos confirmada su actuación por el curso que toma el desarrollo de los dos niños. Este desarrollo es en los dos casos el mismo: el miedo angustioso a la castración. Por miedo a la castración abandona Juanito la agresión contra su padre. Su miedo de que un caballo iba a morderle puede completarse, sin violencia, afirmando que era miedo a que un caballo le mordiese en los genitales, arrancándoselos, esto es, castrándole. Igualmente, por miedo a la castración renuncia el ruso, en sus años infantiles, a ser amado por su padre como objeto sexual, pues ha comprendido que una tal relación habría de tener como premisa el sacrificio de sus genitales, que le diferencian de la mujer. Las dos formas del complejo de Edipo —la normal, activa, y la invertida— naufragan ante el complejo de la castración. La idea angustiosa del ruso de ser devorado por el lobo no tiene, por su parte, indicación alguna de la castración, pues a consecuencia de la regresión oral se ha alejado ya demasiado de la fase fálica; pero el análisis de su sueño hace superflua toda otra prueba. El hecho de que la expresión verbal de la fobia no contenga nada alusivo a la castración es también un triunfo de la represión.

He aquí, pues, el resultado inesperado: en ambos casos es el miedo a la castración el motivo de la represión. Las ideas angustiosas de ser mordido por un caballo y devorado por el lobo son sustitutivos deformados de la de ser castrado por el padre. Esta idea es la que verdaderamente ha experimentado la represión. En el ruso es expresión de un deseo que no podía mantenerse ante la rebeldía de la virilidad; en Juanito, expresión de una reacción que transformó el impulso agresivo en su contrario. Pero el afecto angustioso de la fobia, que constituye por entero la esencia de la misma, no procede del proceso de represión ni de las cargas de libido de los impulsos reprimidos, sino de los factores represores mismos. El miedo angustioso de la zoofobia es el miedo a la castración, sin modificación alguna, esto es, una angustia real; miedo a un peligro verdaderamente amenazador o juzgado real. La angustia causa aquí la represión, y no, como antes afirmábamos, la represión la angustia.

Aunque no nos es agradable recordarlo, de nada serviría silenciar ahora que hemos sostenido repetidamente la opinión de que por medio de la represión quedaba la representación del instinto deformada, esto es, desplazada, etc., y transformado el impulso instintivo en angustia. Ahora bien, y como acabamos de ver, la investigación de las fobias, que creíamos había de probar tales afirmaciones nuestras, no sólo no las confirma, sino que parece contradecirlas directamente. El miedo angustioso de las zoofobias es el miedo del *yo* a la castración; el de la agorafobia, menos fundamentalmente estudiado hasta ahora, parece ser un miedo a la tentación, miedo que ha de hallarse enlazado en su génesis al miedo de la castración. Por lo que hasta hoy nos ha sido posible descubrir, la mayoría de las fobias provienen de tal miedo del *yo* ante las exigencias de la libido. En ellas es siempre lo primario la disposición del *yo* a la angustia, y el impulso a la represión. La angustia no nace nunca de la libido reprimida. Si anteriormente nos hubiéramos limitado a decir que después de la represión aparece, en lugar de la esperada expresión de la libido, una cierta medida de angustia, no tendríamos hoy que retirar nada. Esta descripción es exacta, y entre la energía del impulso a reprimir y la intensidad de la angustia resultante existe, desde luego, la correlación afirmada. Pero confesamos que creíamos dar algo más que una simple descripción; suponíamos haber descubierto el proceso metapsicológico de una transformación directa de la libido en angustia, cosa que hoy ya no podemos sostener. Tampoco antes pudimos indicar cómo se cumplía tal transformación.

¿Qué fue lo que nos sugirió la idea de esta última? El estudio de las neurosis actuales en épocas en la que aún nos hallábamos muy lejos de distinguir entre procesos en el *yo* y procesos en el *Ello*. Hallamos, en efecto, que ciertas prácticas sexuales, como el *coitus interruptus*, la excitación frustrada y la abstinencia forzada producen explosiones de angustia y una disposición general a la misma, surgiendo, por lo tanto, estos fenómenos siempre que la excitación queda coartada, detenida o desviada en su curso hacia la satisfacción. Como la excitación sexual es la expresión de impulsos instintivos libidinosos, no parecía demasiado atrevido suponer que la libido se transformaba en angustia bajo el influjo de tales perturbaciones. Ahora bien: esta observación es aún válida hoy en día, mas, por otro lado, no puede negarse que la libido de los procesos del *Ello* experimenta una perturbación bajo los efectos del impulso a la represión. Puede, así, continuar siendo exactos que en la sede los impulsos instintivos. Mas entonces surge la cuestión de cómo es posible conciliar tal resultado con el que la angustia de las fobias es una angustia del *yo*, nacida en el *yo* y que, en vez de surgir de la represión, la provoca. Esto parece una contradicción difícil de solucionar. La reducción de ambos orígenes de la angustia a uno solo no es nada sencillo. Podemos quizá arriesgar la hipótesis de que el *yo* sospecha peligros en la situación del coito interrumpido, de la excitación frustrada y de la abstinencia, peligros ante los cuales reacciona con angustia, pero esta hipótesis no nos conduce a nada. Por otra parte, los análisis de fobias realizados no parecen admitir rectificación alguna. *Non liquet!*

V

Nuestro propósito era estudiar la formación de síntomas y la lucha secundaria del *yo* contra el síntoma, mas no hemos sido ciertamente muy afortunados al elegir con tal fin las fobias. La angustia, predominante en el cuadro de estas afecciones, se nos muestra ahora como una complicación que encubre el verdadero estado de cosas. Hay muchas neurosis en las que no surge angustia alguna. Así, ni aun los síntomas más graves de la histeria de conversión aparecen acompañados de tal afecto. Este hecho nos aconseja ya no considerar demasiado íntimas las relaciones entre la angustia y la formación de síntomas. Ahora bien, aparte del desarrollo de angustia, son las fobias tan afines a las histerias de conversión que nos hemos creído autorizados a agregarlas a ellas bajo el nombre especial de "histerias de angustia".

Los síntomas más frecuentes de la histeria de conversión, tales como las parálisis motoras, las contracturas, los actos o descargas involuntarios, los dolores o las alucinaciones, son procesos de carga psíquica, bien permanentemente fijos, bien intermitentes; carácter que hace aún más difícil su explicación, siendo muy poco lo que hasta ahora podemos decir sobre ellos. Por medio del análisis llegamos, sin embargo, a averiguar cuál es la descarga perturbada de excitación al que sustituyen. En la mayoría de los casos resulta que tienen también una participación directa en dicha descarga perturbada, como si la total energía de la misma se hubiera concentrado en el punto a que afectan. Así, comprobamos que en la situación primitiva, en la cual tuvo efecto la represión, existía realmente el dolor que ahora se nos muestra como síntoma, y que las alucinaciones de ahora fueron entonces percepciones reales. Por su parte, la parálisis motora no es sino la defensa contra un acto que en dicha situación inicial debió de haber sido realizado y que, por el contrario, fue inhibido. Las contracturas corresponden, generalmente, a un desplazamiento sobre un distinto punto del cuerpo, de una inervación muscular propuesta en la situación indicada. Por último, las convulsiones son expresión de una explosión de afecto que ha escapado al control normal del *yo*. La sensación de displacer, concomitante a la emergencia de los síntomas, es harto variable. Falta casi siempre por completo en los síntomas permanentemente desplazados sobre la motilidad, tales como las parálisis y las contracturas, con respecto a las cuales el *yo* parece permanecer indiferente. Por el contrario, en los síntomas intermitentes y en los que afectan a la esfera sensorial, experimenta el sujeto claras sensaciones de displacer, que en los síntomas dolorosos pueden alcanzar intensidad extraordinaria. En esta diversidad es muy difícil hallar el factor que, haciendo posibles diferencias, permita, sin embargo, su explicación unitaria. La histeria de conversión no deja transparentar tampoco gran cosa de la lucha del *yo* contra el síntoma. Sólo cuando la sensibilidad de una parte del cuerpo al dolor alcanza la categoría de síntoma, se hace la misma susceptible de desempeñar un doble papel. El síntoma doloroso surge, en efecto, de igual manera al recaer sobre dicha parte del cuerpo un contacto exterior como al ser activada desde el interior, asociativamente, la situación patógena por ella representada. Por su parte, el *yo* adopta medidas de precaución para evitar la emergencia del síntoma a consecuencia de una percepción exterior. No siéndonos posible adivinar a qué obedece esta falta de transparencia de la formación de síntomas en la histeria de conversión, nos apresuramos a abandonar este terreno estéril y pasaremos al de la neurosis obsesiva, con la esperanza de averiguar en él algo más sobre la formación del síntoma.

Los síntomas de la neurosis obsesiva son, en general, de dos géneros de tendencia opuesta. Son, en efecto, prohibiciones, medidas preventivas y penitencias, esto es, síntomas de naturaleza negativa, o, por el contrario, satisfacciones sustitutivas, simbólicamente disfrazadas muchas veces. De estos dos grupos, el más antiguo es el negativo, defensivo y punitivo; pero, conforme va perdurando la enfermedad, van predominando las satisfacciones sustitutivas, que burlan toda defensa. La formación de síntomas alcanza un triunfo cuando consigue amalgamar la prohibición con la satisfacción de una manera tal que el mandamiento defensivo o la prohibición primitivos adquieren también la significación de una satisfacción, a cuyo efecto se utilizan con frecuencia caminos de enlace extraordinariamente artificiosos. Este resultado testimonia de aquella tendencia a la síntesis que ya reconocimos al *yo*. En los casos extremos consigue el enfermo que la mayor parte de sus síntomas acumulen a su significación primitiva la completamente contraria, manifestándose así el poderío de la ambivalencia, la cual desempeña, no sabemos por qué, un papel de extraordinaria importancia en la neurosis obsesiva. En los casos menos complicados el síntoma es de dos tiempos, o sea, que al acto que ejecuta cierto mandamiento sigue inmediatamente otro que suprime o deshace lo hecho, aunque no llega a realizar lo contrario.

De esta primera consideración superficial de los síntomas obsesivos extraemos, desde luego, dos impresiones. Observamos, primeramente, que en la neurosis obsesiva se mantiene una lucha constante contra lo reprimido, lucha que va haciéndose cada vez más desfavorable a las fuerzas represoras; y, en segundo lugar, que el *yo* y el *super-yo* toman parte importantísima en la formación de síntomas.

La neurosis obsesiva es quizá el objeto más interesante y agradecido de la investigación analítica, pero el problema que plantea no ha sido aún resuelto. Si queremos penetrar más hondamente en su esencia ha de ser apoyándonos en hipótesis y conjeturas faltas de fundamento suficiente. La situación inicial de la neurosis obsesiva no es quizá sino la misma de la histeria, o sea, la necesaria defensa contra las exigencias libidinosas del complejo de Edipo. Además, en toda neurosis obsesiva parece existir un último estrato compuesto por síntomas histéricos muy tempranamente formados. Pero la estructura ulterior de la enfermedad queda modificada decisivamente por un factor constitucional: por una debilidad de la organización genital de la libido. Así, cuando el *yo* inicia su defensa, alcanza, como primer resultado, la regresión total o parcial de la organización genital (de la fase fálica) a la fase sádico-anal más temprana, regresión que determina todo el curso ulterior del proceso.

Cabe también suponer que la regresión no es consecuencia de un factor constitucional, sino de un factor temporal, y en este caso, no se debería a una debilidad de la organización genital de la libido, sino al hecho de haber iniciado el *yo* su resistencia muy tempranamente, esto es, en los comienzos de la fase fálica. Pero tampoco sobre esta cuestión podemos sentar una afirmación definitiva. Sin embargo, haremos constar que la observación analítica no se muestra nada favorable a la última de las hipótesis expuestas. Por el contrario, parece demostrar que en el punto en que el proceso patológico se orienta hacia la neurosis obsesiva ha sido alcanzada ya la fase fálica. Además, la edad propicia para la explosión de esta neurosis es posterior a la correspondiente a la histeria (el segundo período de la infancia, terminado ya el período de latencia). Por último, en un caso de desarrollo muy tardío de neurosis obsesiva, nos ha sido posible comprobar que la condición necesaria de la regresión y de la génesis de la enfermedad se debía a una desvalorización real de la vida genital, hasta entonces intacta[5].

[5] Véase el estudio titulado *La disposición a la neurosis obsesiva*, que aparecerá en estas *Obras Completas*.

La explicación metapsicológica de la regresión está, a nuestro juicio, en una "disociación de los instintos", en la separación de los componentes eróticos, que, al principio de la fase genital, se habían agregado a la carga psíquica destructora de la fase sádica.

La regresión es el primer triunfo del *yo* en su lucha defensiva contra las exigencias de la libido. Hemos de distinguir aquí entre la "defensa" —la tendencia más general— y la represión, que no es sino uno de los mecanismos que la defensa utiliza. Con mayor claridad aún que en los casos normales y en los de histeria, vemos en la neurosis obsesiva que al motor de la defensa en el complejo de castración y que las tendencias contra las cuales actúa dicha defensa son las del complejo de Edipo. Comienza aquí el período de latencia, caracterizado por el naufragio del complejo de Edipo, la creación o consolidación del *super-yo* y la constitución de los límites éticos y estéticos en el *yo*. Estos procesos traspasan en la neurosis obsesiva la medida normal. A la destrucción del complejo de Edipo se agrega la disminución progresiva de la libido, el *super-yo* se hace extraordinariamente áspero y severo, y el *yo* desarrolla, obedeciéndole, intensas reacciones de escrupulosidad, compasión y pureza. Con severidad inexorable, aunque no siempre victoriosa, queda prohibida la tentación de continuar el onanismo de la primera época infantil, el cual se apoya ahora en representaciones regresivas (sádico-anales), si bien representando, a pesar de todo, la parte no vencida de la organización fálica. El hecho de que precisamente, en interés de la conservación de la virilidad (miedo a la castración), quede impedida toda actividad de esta última, encierra una contradicción; pero es una contradicción que existe ya en la destrucción normal del complejo de Edipo, y la neurosis obsesiva no hace tampoco sino amplificarla. En esta neurosis se demuestra también el principio general de que todo exceso encierra en sí el germen de su propia supresión, pues precisamente el onanismo suprimido alcanza, en forma de actos obsesivos, una aproximación cada vez mayor a la satisfacción.

Aquellas reacciones que surgen en el *yo* de los enfermos de neurosis obsesiva, y en las que reconocemos exageraciones del carácter normal, pueden ser agregadas, como un tercer mecanismo de la defensa, a la regresión y la represión. En la histeria parecen faltar o ser mucho más débiles. Volviendo la vista atrás, llegamos así a sospechar qué es lo que caracteriza el proceso defensivo de la histeria. Parece ser que este proceso se limita a la represión, apartándose el *yo* del impulso instintivo reprobable, dejándose derivar a lo inconsciente y no volviendo ya a tomar parte en sus destinos. Claro es que esta descripción no es de una absoluta exactitud, pues sabemos que el síntoma histérico significa también el cumplimiento de una exigencia punitiva del *super-yo*, pero, de todos modos, responde a un rasgo general de la conducta del *yo* en la histeria.

Podemos limitarnos a reconocer simplemente que en la neurosis obsesiva se constituye un *super-yo* de extraordinaria severidad, y podemos pensar que el rasgo fundamental de esta afección es la regresión de la libido e intentar relacionar también con ella el indicado carácter del *super-yo*. En realidad, el *super-yo*, que procede del *Ello*, no puede sustraerse a la regresión y a la disociación de instinto que en el *Ello* tienen efecto. No sería, pues, de admirar que en la neurosis obsesiva llegará a ser, por su parte, más duro, severo y cruel que en un desarrollo normal.

Durante el período de latencia parece imponerse, como labor principal, la defensa contra la tentación masturbadora. Esta lucha engendra una serie de síntomas que retornan de un modo típico en las personas más diversas, y presentan, en su mayoría, el carácter de ceremoniales, siendo de lamentar que no hayan sido aún coleccionados y analizados sistemáticamente, pues en calidad de primeros rendimientos de la neurosis, arrojarían viva luz sobre el mecanismo de la formación de síntomas. En general, muestran ya aquellos caracteres que tan fatalmente acusarán los síndromes de una grave afección neurótica ulterior, o sea, la tendencia a la repetición y al gasto de tiempo y la subordinación a la locomoción y a aquellos actos que más adelante habrán de realizarse casi automáticamente, tales como los de acostarse, lavarse y vestirse. El porqué de todo esto nos es aun totalmente desconocido. Sin embargo, no es difícil comprobar una clara influencia de la sublimación de componentes erótico-anales.

La pubertad constituye un estadio decisivo en el desarrollo de la neurosis obsesiva. La organización genital interrumpida en la infancia reanuda ahora su marcha con intensa energía. Pero, como es sabido, el desarrollo sexual de la infancia marca ya la dirección que seguirá al reanudarse en la pubertad. De este modo despertarán, por un lado, los impulsos agresivos de la época temprana, y por otro, una parte más o menos considerable —y en los casos peores, la totalidad— de los nuevos impulsos libidinosos emprenderá los caminos trazados por la regresión y surgirá en forma de intenciones agresivas y destructoras. Este disfraz de los impulsos eróticos y las enérgicas reacciones del *yo* hacen que la lucha contra la sexualidad continúe ahora en nombre de la ética. El *yo* se resiste, asombrado, contra los impulsos violentos y crueles, enviados por el *Ello* a la conciencia, sin sospechar que obrando así lucha contra deseos eróticos, que de otro modo hubieran escapado a su intervención. El severo *super-yo* insiste tanto más enérgicamente en la represión de la sexualidad cuanto que ésta adopta formas más repulsivas, resultando así que en la neurosis obsesiva aparece el conflicto agudizado en dos direcciones diferentes: la repulsión se hace más intolerante y lo repulsivo más intolerable; ambos por la influencia de un solo factor —de la regresión de la libido.

Podría encontrarse una contradicción con respecto a otras de nuestras hipótesis en el hecho de que la representación obsesiva desagradable llegue a ser consciente. Pero es indudable que antes de llegarlo a ser han pasado por el proceso de la represión. En la mayoría de los casos, el verdadero sentido del impulso instintivo agresivo es ignorado por el *yo*, siendo precisa una considerable labor analítica para hacerlo consciente. Lo que penetra en la conciencia no es, generalmente, sino un sustitutivo deformado, que aparece unas veces borrosamente indeterminado, como un fragmento de un sueño, y otras, irreconocible bajo un absurdo disfraz. Si la represión no ha destruido el contenido del impulso instintivo agresivo, ha suprimido, en cambio, el carácter afectivo concomitante. Así, la agresión no se muestra al *yo* como un impulso, sino, según dicen los mismos enfermos, como una mera "idea", que debía dejarlos indiferentes. Lo curioso es que esto no sucede jamás.

El afecto ahorrado en la percepción de la representación obsesiva surge, efectivamente, en un distinto lugar. El *super-yo* se conduce como si no hubiera tenido efecto represión ninguna, como si le fuera conocido el impulso agresivo en su verdadero sentido y con todo su carácter afectivo, y trata al *yo* con arreglo a esta hipótesis. El *yo*, que por un lado se sabe inocente, experimenta, por otro, un sentimiento de culpabilidad, y siente sobre sí una responsabilidad que no acierta a explicarse. Pero el enigma que así se plantea no es realmente tan intrincado como al principio parece. La conducta del *super-yo* es muy comprensible, y la contradicción que surge en el *yo* no nos muestra sino que ha permanecido incomunicado con el *Ello*, a consecuencia de la represión, y en cambio, totalmente abierto a las influencias del *super-yo*[6]. A la pregunta inmediata de cómo es que el *yo* no intenta sustraerse también a la penosa crítica del *super-yo*, contestaremos que, en efecto, lo intenta y lo consigue en toda

[6] *Cf.* Reik: *Gestaendniswang und Straf beduerfnis*, 1925, página 51.

una serie de casos. Existen también neurosis obsesivas exentas de toda conciencia de la culpabilidad, en las que, a nuestro juicio, el *yo* se ha evitado la percepción de la misma por medio de una nueva serie de síntomas, penitencias y restricciones encaminadas al autocastigo. Pero estos síntomas significan, al mismo tiempo, satisfacciones de impulsos instintivos masoquistas, que han extraído igualmente de la regresión su mayor intensidad.

La diversidad de los fenómenos de la neurosis obsesiva es tan grande que aún no ha sido posible realizar una síntesis coherente de todas sus variantes. Al intentar acentuar sus relaciones típicas, siempre se tiene el temor de dejar a un lado otros caracteres regulares no menos importantes.

En otra ocasión hemos descrito ya la tendencia general de la formación de síntomas en la neurosis obsesiva. Es la de procurar cada vez mayor amplitud a la satisfacción sustitutiva, a costa del renunciamiento. Los mismos síntomas, que primitivamente significan restricciones del *yo*, toman luego también, merced a la tendencia del *yo* a la síntesis, la de satisfacciones, y es innegable que esta última significación llega a ser poco a poco la más eficaz. Un *yo* exteriormente restringido, que se ve impulsado a buscar sus satisfacciones en los síntomas, es el resultado de este proceso que se acerca cada vez más al fracaso completo de la tendencia defensiva inicial. El desplazamiento de la relación de las fuerzas a favor de la satisfacción puede tener la temible consecuencia de paralizar totalmente la voluntad del *yo*, que en cada decisión encontrará, por ambos lados, impulsos igualmente enérgicos. El agudísimo conflicto entre el *Ello* y el *super-yo*, que domina desde un principio en la neurosis obsesiva, puede extenderse así a todas las operaciones del *yo*.

VI

Durante esta lucha podemos observar dos actividades del *yo*, dedicadas a la formación de síntomas, que presentan particular interés por ser evidentes subrogados de la represión, y muy apropiadas, por lo tanto, para explicarnos la tendencia y la técnica de este proceso. La aparición de estas técnicas auxiliares y sustitutivas podemos quizá interpretarla como una prueba de que la represión propiamente dicha tropieza con dificultades. Reflexionando que en la neurosis obsesiva es el *yo*, mucho más ampliamente que en la histeria, escena de la formación de síntomas, que este *yo* se mantiene tenazmente aferrado a su relación con la realidad y con la conciencia, empleando en ello todos sus medios intelectuales, y que hasta el pensamiento mismo aparece erotizado e invadido por una sobrecarga psíquica; reflexionando, repetimos, sobre estas circunstancias, nos aproximaremos, quizá, a la comprensión de las referidas variantes de la represión.

Las dos técnicas indicadas son la de "borrar lo sucedido" y la del "aislamiento". La primera tiene más amplio campo de acción y alcanza mucho más atrás. Es, por decirlo así, magia negativa, y tiende a "suprimir", por medio del simbolismo motor, no ya las consecuencias de un suceso (impresión o experiencia), sino el suceso mismo. No sólo en la neurosis, sino también en los ritos mágicos, en los usos y supersticiones populares y en el ceremonial religioso desempeña esta técnica un importante papel. En la neurosis obsesiva la hallamos entre los síntomas de dos tiempos, en los que un segundo acto borra el primero, como si éste no hubiera sucedido, cuando en realidad han sucedido los dos. El ceremonial de la neurosis obsesiva tiene en la intención de borrar lo sucedido, su segunda raíz. La primera es la evitación de que algo determinado suceda o se repita. Fácilmente se ve la diferencia entre ambas; las medidas preventivas son de naturaleza racional, y las "supresiones" por el medio de borrar lo sucedido, de naturaleza mágica, irracional. Naturalmente hemos de suponer que esta segunda raíz es la más antigua, procediendo de la actitud animista con respecto al mundo circunambiente. La tendencia a deshacer lo sucedido encuentra, dentro de lo normal, su mitigado reflejo en la decisión de considerar algo como "no sucedido", pero, en este caso, lo que hacemos es prescindir por completo del suceso de que se trate y de sus consecuencias, sin emprender nada contra él ni ocuparnos de él para nada, mientras que el neurótico intenta suprimir por sí mismo el pasado mediante actos motores. Esta misma tendencia puede darnos también la explicación de la *repetición* obsesiva, tan frecuente en la neurosis, y en la cual influyen varias tendencias contradictorias. Aquello que no ha sucedido como el sujeto deseaba que sucediera es borrado por medio de su repetición en forma distinta, acumulándose toda una serie de motivos para continuar indefinidamente tales repeticiones. En el curso ulterior de la neurosis se revela a menudo, como un principalísimo motivo de formación de síntomas, la tendencia a borrar una experiencia traumática, mostrándosenos así, inesperadamente, una nueva técnica motora de la defensa o, como ya podemos decir con escasa inexactitud, de la represión.

La segunda de las nuevas técnicas, cuya descripción hemos emprendido, es la del *aislamiento*, peculiarísima de la neurosis obsesiva. Se refiere también a la esfera motora. Consiste en que después de un suceso desagradable o de un acto propio importante desde el punto de vista de la neurosis, es interpolada una pausa, en la que nada debe suceder, no efectuándose durante ella percepción alguna ni ejecutándose acto de ningún género. Esta conducta, que en principio hallamos singular, nos revela pronto sus relaciones con la represión. Sabemos que en la histeria es posible abandonar a la amnesia una impresión traumática. En la neurosis obsesiva no se da este caso. El suceso no es olvidado, pero sí despojado de su afecto y suprimidas o interrumpidas sus relaciones asociativas, quedando así, aislado y no siendo tampoco reproducido en el curso del pensamiento. El efecto de este aislamiento es entonces igual al de la represión con amnesia. Esta técnica es la empleada en los aislamientos de la neurosis obsesiva, siendo, además, reforzada por medio de actos motores de intención mágica. Lo que así queda separado es precisamente aquello que debía unirse por asociación. El aislamiento motor garantiza la interrupción de la coherencia mental. Esta conducta de la neurosis tiene su paralelo normal en el proceso de la concentración, por medio del cual tendemos a evitar que una impresión o una labor que juzgamos importantes sean perturbadas por otras operaciones mentales o actividades simultáneas. Pero ya en lo normal, utilizamos la concentración no sólo para mantener apartado lo indiferente o lo heterogéneo, sino, sobre todo, lo antitético. Lo que más perturbador nos parece es aquello que primitivamente estuvo unido y quedó luego separado en el curso progresivo del desarrollo; por ejemplo, las manifestaciones de la ambivalencia del complejo paterno en nuestra relación con Dios, o los impulsos de los órganos secretorios en las emociones amorosas. De este modo, el *yo* tiene que realizar normalmente una gran labor de aislamiento en su dirección del curso del pensamiento, y ya sabemos que en el ejercicio de la técnica analítica hemos de enseñar al *yo* a renunciar temporalmente a esta función, justificada en todo otro momento.

Sabemos por continua experiencia que para el enfermo de neurosis obsesiva resulta particularmente difícil seguir las reglas psicoanalíticas fundamentales. Probablemente, a consecuencia de la alta tensión del conflicto existente entre el *super-yo* y el *Ello* de estos enfermos, es su *yo* más vigilante y más rigurosos los aislamientos que el mismo lleva a cabo, pues durante su labor mental tiene que rechazar multitud de elementos, defendiéndose contra la inmixión de fantasías inconscientes y contra la exteriorización de las tendencias ambivalentes. No puede abandonarse ni un solo instante y ha de hallarse siempre dispuesto al combate, reforzando, además, esta concentración y esta labor de aislamiento, tan singulares, en calidad de síntomas como importantes desde el punto de vista práctico de la neurosis, actos de un carácter de ceremonial y, naturalmente, desprovistos en sí de toda utilidad real.

Al procurar evitar las asociaciones, el *yo* de estos enfermos no hace sino seguir uno de los más antiguos y fundamentales mandamientos de la neurosis obsesiva: el tabú del *contacto*. A la interrogante de por qué la evitación del contacto y del contagio desempeña en la neurosis un papel tan importante, apareciendo como contenido de complicadísimos sistemas, hallamos la respuesta de que el contacto físico constituye el fin más próximo de la carga del objeto, tanto agresiva como amorosa. El *Eros* quiere el contacto, pues tiende a la unión, a la supresión de los límites espaciales entre el *yo* y el objeto amado. Pero también la destrucción, que antes de la invención de las armas que permiten combatir a distancia, sólo podía tener efecto en el cuerpo a cuerpo, supone el contacto físico, la aprehensión manual. Y como la neurosis obsesiva persigue al principio el contacto erótico y luego, después de la regresión, el contacto disfrazado de agresión, nada hay que pueda serle prohibido más rigurosamente ni tampoco más apropiado para constituirse en nódulo de un sistema prohibitivo. Ahora bien: el aislamiento es la supresión de la posibilidad de contacto, el medio de sustraer algo a todo contacto, y cuando el neurótico aísla una impresión o una actividad por medio de una pausa subsiguiente, da a entender simbólicamente que no quiere que los pensamientos a ellos relativos entren en contacto asociativo con otros.

Hasta aquí nuestras investigaciones sobre la formación de síntomas. Casi no merece la pena de resumirlas. Sus resultados han sido escasos, quedan incompletas y no nos ha proporcionado mucho que no nos fuera ya conocido. Sería inútil extender nuestro examen a la formación de síntomas en otras afecciones distintas de las fobias, la histeria de conversión y la neurosis obsesiva, pues salvo en estos casos, nos es casi por completo desconocida. Pero de la yuxtaposición de las tres neurosis indicadas surge ya un grave problema, cuyo estudio no es posible aplazar por más tiempo. En las tres, constituye el complejo de Edipo el punto de partida y admitimos, como motor de la resistencia del *yo*, el miedo a la castración. Pero sólo en las fobias se exterioriza y confiesa este miedo. ¿Qué se ha hecho de él en las otras dos formas y cómo se lo ha ahorrado el *yo*? El problema se agudiza aún más al pensar en la posibilidad antes indicada de que la angustia surja espontáneamente por una especie de fermentación de la carga de libido obstaculizada en su curso. Además, ¿es seguro que el miedo a la castración sea el único motor de la represión (o de la defensa)? Si pensamos en las neurosis femeninas habremos de ponerlo en duda, pues, aunque también en las mujeres se comprueba con toda seguridad la existencia del complejo de castración, no puede hablarse de un miedo a la castración propiamente dicho en casos en que una tal castración ha tenido ya efecto.

VII

Volveremos a las zoofobias infantiles, puesto que son los casos a cuya comprensión hemos conseguido aproximarnos más. Como ya vimos, el *yo* tiene que actuar en estas afecciones contra una carga de objeto libidinosa del *Ello* (la del complejo de Edipo, positivo o negativo), por comprender que el aceptarla traería consigo el peligro de la castración. Al examinar en páginas anteriores este proceso nos quedó por discutir una pequeña duda, que ahora tenemos ocasión de poner en claro. Se trata de elucidar si en el caso de Juanito, o sea, en el del complejo de Edipo positivo, es el impulso amoroso hacia la madre o el agresivo contra el padre el que provoca la defensa del *yo*. Desde el punto de vista práctico no parece presentar esta cuestión demasiado interés, puesto que los dos impulsos se condicionan de un modo recíproco; pero teóricamente sí, por ser el impulso amoroso hacia la madre el único que podemos considerar puramente erótico. El impulso agresivo depende, en efecto, esencialmente del instinto de destrucción, y siempre hemos creído que contra lo que el *yo* se defiende en la neurosis es contra las exigencias de la libido y no contra las de los demás instintos. En realidad, vemos que después de la formación de la fobia parece desvanecerse el impulso amoroso hacia la madre, como si la represión lo hubiese eliminado totalmente, teniendo lugar un cambio en el impulso agresivo (la formación del síntoma o del sustitutivo). El caso del sujeto atacado de fobia a los lobos es más sencillo; el impulso reprimido es un impulso erótico —la actitud femenina con respecto al padre— y la formación de síntomas tiene también efecto en él.

Es casi vergonzoso que después de tan larga labor tropecemos aún con dificultades, incluso en los puntos más fundamentales; pero nos hemos propuesto no simplificar ni ocultar nada. Si no conseguimos solucionar el problema, queremos, por lo menos, darnos clara cuenta de sus incógnitas. Lo que aquí nos estorba el camino es quizá algún defecto en el desarrollo de nuestra teoría de los instintos. En un principio perseguimos las organizaciones de la libido desde la fase oral, a través de la fase sádico-anal, hasta la fase genital, considerando equivalentes en la tres los componentes del instinto sexual. Más tarde nos pareció ver en el sadismo el representante de otro instinto contrario al *Eros*. Y ahora nuestra nueva teoría de la división de los instintos en dos grupos parece destruir nuestra anterior concepción de las fases sucesivas de la organización de la libido. Mas por salir de esta dificultad no precisamos descubrir auxilio ninguno nuevo, pues nos lo ofrece el hecho, ya conocido, de que jamás se nos presentan impulsos instintivos puros, sino aleaciones de instintos de los dos grupos, en proporciones diferentes. Así, pues, la carga sádica de objeto puede ser tratada como una carga libidinosa; las organizaciones de la libido no precisan de revisión alguna y el impulso agresivo contra el padre puede ser, del mismo modo que el amoroso hacia la madre, objeto de represión. De todos modos, señalaremos como materia de ulteriores reflexiones la posibilidad de que la represión sea un proceso especialmente relacionado con la organización genital de la libido y que el *yo* acuda a métodos distintos de defensa cuando haya de actuar contra la libido en otras fases de la organización de la misma, diferentes de la genital. Señalada esta posibilidad, continuaremos nuestro camino. El caso de Juanito no nos permite decidir la cuestión planteada. En él es eliminado, ciertamente, por represión, un impulso agresivo, pero esto sucede alcanzada ya organización genital.

Evitaremos perder de vista esta vez la relación con la angustia. Decíamos que en cuanto el *yo* reconoce el peligro de castración, da la señal de angustia e inhibe, por medio de la instancia del placer-displacer y en forma que aún no conocemos, el amenazador proceso de carga en el *Ello*. Simultáneamente tiene efecto la formación de la fobia. El miedo a la castración recibe un objeto distinto y una expresión disfrazada —ser mordido por un caballo (o devorado por un lobo) en lugar de ser castrado por el padre—. La formación de sustitutivo tiene dos evidentes ventajas. En primer lugar, evita un conflicto por ambivalencia, pues el padre es, al mismo tiempo, un objeto amado, y en segundo, permite al *yo* el desarrollo de angustia. La angustia de la fobia es, en efecto, facultativa. No aparece sino ante la percepción de su objeto, cosa perfectamente justificada, puesto que sólo entonces existe el peligro. De un padre ausente no puede temerse la castración. Ahora bien, el padre no puede ser suprimido, aparece ante el sujeto cuando quiere. Pero una vez sustituido el padre por un animal, el sujeto no tiene más que evitar la percepción del mismo, o sea, su presencia, para vivir libre de peligro y de angustia. Así, pues, Juanito impone a su *yo* una limitación: la de no salir a la calle para no encontrarse con un caballo. El joven sujeto ruso se libra del peligro mucho más cómodamente y sin sacrificio ninguno. Le basta con no tocar un cierto libro de estampas, y si su hermana no se complaciese malignamente en ponerle de continuo ante los ojos la que representa al lobo en actitud de atacar, podría considerarse seguro a poca costa.

En otro lugar hubimos de atribuir a la fobia el carácter de una proyección, suponiendo que sustituía un peligro instintivo interior por un peligro exterior dependiente de una percepción. Tal sustitución tendría la ventaja de que el sujeto podía asegurarse contra el peligro exterior apelando a la fuga y evitando la percepción, mientras que con el peligro interior no hay fuga posible. Esta observación nuestra no es, desde luego, inexacta, pero sí superficial. La exigencia del instinto no constituye un peligro por sí misma, sino únicamente por el hecho de traer consigo un verdadero peligro exterior: el de la castración. De este modo, lo que en la fobia sucede realmente no es más que la sustitución de un peligro exterior por otro también exterior. La circunstancia de que en la fobia pueda el *yo* eludir la angustia por medio de evitar una percepción o por medio de un síntoma inhibitorio, se armoniza muy bien con la teoría de que una tal angustia no es más que el signo de un afecto, sin que la situación económica haya variado en lo más mínimo.

Así, pues, la angustia de las zoofobias es una reacción afectiva del *yo* al peligro, y el peligro en ellas señalado es el de la castración. La única diferencia existente entre esta angustia y la angustia real, que el *yo* exterioriza normalmente en situaciones peligrosas, es la de que su contenido es inconsciente, y sólo disfrazado y deformado llega a la conciencia.

Esta misma concepción resulta aplicable a las fobias de sujetos adultos, si bien en ellas es mucho más considerable el material que la neurosis elabora, agregándose, además, a la formación de síntomas algunos otros factores. Pero en el fondo no hay diferencia alguna. El enfermo de agorafobia impone a su *yo* una limitación para huir de un peligro provocado por un instinto. Este peligro es la tentación de ceder a sus deseos eróticos, con lo cual correría, como en la infancia, el peligro de la castración u otro análogo. Como ejemplo, citaré el caso de un joven que enfermó de agorafobia porque temía ceder a las invitaciones de las prostitutas y contraer, en castigo, una infección luética.

Sabemos muy bien que muchos casos presentan más complicada estructura, y que en la fobia pueden confluir muchos otros impulsos instintivos reprimidos, pero estos últimos no son sino auxiliares, y por lo general han venido a enlazarse ulteriormente al nódulo de la neurosis. La sintomática de la agorafobia se hace más complicada por el hecho de que el *yo* no se contenta con renunciar a algo, sino que agrega elementos destinados a despojar a la situación de su peligro. Esta agregación es habitualmente una regresión temporal a los años infantiles (en los casos extremos hasta la existencia fetal anterior al nacimiento, época en la que el sujeto se hallaba a cubierto de los peligros que hoy le amenazan), y toma la forma de una condición bajo la cual puede prescindir de la renuncia. Así, el enfermo de agorafobia se arriesgará a salir a la calle si va acompañado, como cuando era niño, por una persona de su confianza; o también solo, con tal de no alejarse de su casa sino una determinada distancia, o no ir a sitios que no le son familiares o en los que la gente no le conoce. En la elección de estas condiciones se muestra la influencia de factores infantiles, que dominan al sujeto por mediación de su neurosis. Totalmente inequívoca, aun sin una tal regresión infantil, es la fobia a la soledad, que, en el fondo, trata de evitar la tentación del vicio solitario. La condición de la regresión infantil es, naturalmente, que la infancia sea ya pretérita por el sujeto.

La fobia se constituye, por lo general, después de haber experimentado el sujeto en determinadas circunstancias —en la calle, en el tren, hallándose solo, etc.— un primer ataque de angustia. Esta queda después vencida, pero surge de nuevo siempre que falta la condición protectora. El mecanismo de la fobia presta, como medio de defensa, excelentes servicios y muestra una gran tendencia a la estabilidad. Con frecuencia, pero no necesariamente, surge una continuación de la lucha defensiva, dirigida, entonces, contra el síntoma.

Todo lo que hemos logrado descubrir sobre la angustia en las fobias es también aplicable a la neurosis obsesiva. No es difícil reducir la situación dada en esta neurosis a la de la fobia. El motor de toda la ulterior formación de síntomas es aquí, evidentemente, el miedo del *yo* a su *super-yo*. La situación peligrosa a la que el *yo* tiene que sustraerse es la hostilidad del *super-yo*. Falta aquí toda apariencia de proyección; el peligro es totalmente interno. Pero si nos preguntamos qué es lo que el *yo* teme por parte del *super-yo*, habremos de reconocer que el castigo con que amenaza el *super-yo* es una continuación del consistente en la castración. Así como el *super-yo* es el padre despersonalizado, el miedo a la castración se ha convertido en un miedo social indeterminado o de la conciencia ética. Mas esta angustia permanece encubierta, pues el *yo* la elude, ejecutando obedientemente los preceptos, prevenciones y actos expiatorios que le son impuestos. Cuando algo le impide llevarlos a cabo, surge en el acto un malestar extraordinariamente penoso, que los enfermos equiparan a la angustia y en el que hemos de ver un equivalente de la misma. Podemos, pues, concretar nuestros resultados en la forma siguiente: la angustia es la reacción a la situación peligrosa. El *yo* la elude ejecutando algo encaminado a evitar la situación o a escapar a ella. Podríamos decir que los síntomas son creados para evitar el desarrollo de angustia; pero con ello no pasamos de la superficie, siendo más exacto decir que son creados para evitar la *situación peligrosa* señalada por el desarrollo de angustia. Ahora bien, tal peligro era en los casos hasta ahora examinados, la castración o algo derivado de ella.

Si la angustia es la reacción del *yo* al peligro, no será muy arriesgado considerar la neurosis traumática, subsiguiente tantas veces a un peligro de muerte, como una consecuencia directa del miedo a perder la vida, independientemente, en este caso, del *yo* y de la castración. Esta teoría ha sido sostenida por la mayor parte de los observadores de las neurosis traumáticas de la gran guerra, muchos de los cuales se han apresurado a presentarla triunfalmente como prueba de que un grave peligro corrido por el instinto de conservación podía engendrar una neurosis, sin participación alguna de la sexualidad ni de ninguna de las complicadas hipótesis del psicoanálisis. Es muy de lamentar que no dispongamos de un solo análisis utilizable de una neurosis traumática. No ciertamente para rebatir la negación de la significación etiológica de la sexualidad, pues esta cuestión ha quedado resuelta hace ya mucho tiempo con la introducción del narcisismo, que equipara la carga libidinosa del *yo* a las cargas del objeto y acentúa la naturaleza libidinosa del instinto de conservación, sino porque la carencia de tales análisis nos priva de una preciosa ocasión de hallar datos decisivos sobre la relación entre la angustia y la formación de síntomas. Por todo lo que sabemos de la estructura de las neurosis más simples de la vida cotidiana, nos parece muy improbable que una neurosis pueda surgir por el mero hecho objetivo del peligro, sin participación alguna de las capas inconscientes más profundas del aparato anímico. Pero en lo inconsciente no existe nada que pueda dar un contenido a nuestro concepto de la destrucción de la vida. La castración se hace, por decirlo así, representable por la experiencia cotidiana de la eliminación del contenido intestinal y por la pérdida del pecho materno sufrida en el destete. Pero jamás se ha experimentado nada semejante a la muerte o, por lo menos, como sucede con la pérdida del conocimiento, nada que haya dejado huella perceptible. Mantenemos, pues, nuestra hipótesis de que el miedo a morir ha de concebirse como análogo al miedo a la castración y que la situación a la que el *yo* reacciona es a la de ser abandonado por el *super-yo* protector —por los padres del destino—, con lo que termina la seguridad contra todos los peligros. Además, ha de tenerse en cuenta que en los sucesos que conducen a la neurosis traumática queda roto el dispositivo protector contra los estímulos exteriores y llegan al aparato anímico magnitudes extraordinarias de excitación, surgiendo así una segunda posibilidad: la de que la angustia no sea simplemente señalada como un afecto, sino creada sobre la base de las condiciones económicas de la situación.

Con la última observación de que el *yo* ha sido preparado a la castración por pérdidas de objeto regularmente repetidas, iniciamos una nueva concepción de la angustia. Si hasta ahora lo veníamos considerando como una señal afectiva del peligro, se nos muestra en este punto, dada la frecuencia con que se trata del peligro de la castración, como una reacción a una pérdida o a una avulsión. No faltan circunstancias que parecen contradecir esta hipótesis, pero, en cambio, nos afirma en ella una singular coincidencia. La primera experiencia angustiosa, por lo menos de los hombres, es el nacimiento, el cual supone objetivamente la separación de la madre y puede ser comparado (ateniéndose a la igualdad: niño=pena) a la castración de la madre. Sería muy satisfactorio poder concluir que la angustia se repetía, como símbolo de una separación, en toda separación ulterior. Pero a esta valoración de la coincidencia indicada se opone desgraciadamente el hecho de que el nacimiento no es sentido subjetivamente como una separación de la madre, puesto que esta es desconocida, como objeto, por el feto, totalmente narcisista. Otro reparo sería el de que las reacciones afectivas a una separación nos son conocidas y las experimentamos como dolor o tristeza, pero no como angustia. De todos modos, recordamos que en nuestro estudio de la melancolía no llegamos a explicarnos por qué era tan dolorosa.

VIII

Detengámonos ahora a reflexionar. Lo que buscamos es un conocimiento que nos revele la esencia de la angustia, permitiéndonos separar la verdad del error. Pero esto no es tarea fácil. El estudio de la angustia no es un tema sencillo. Pero hasta aquí no hemos alcanzado sino resultados contradictorios, entre los cuales nos es imposible elegir imparcialmente. Por lo tanto, creemos conveniente cambiar de procedimiento y reunir ahora todo lo que nos es posible decir sobre la angustia, renunciando a la esperanza de una próxima síntesis.

La angustia es, pues, en primer lugar, algo que sentimos. La calificamos de estado afectivo, aunque no sabemos bien lo que es un afecto. Como sensación presenta un franco carácter displaciente, pero no es esta la única de sus cualidades, pues no todo displacer puede ser calificado de angustia. Existen, en efecto, otras sensaciones de carácter displaciente (la ansiedad, el dolor, la tristeza), y la angustia habrá de presentar, además de dicho carácter, algunas otras particularidades. ¿Conseguiremos llegar a la comprensión de las diferencias de estos diversos afectos displacientes?

Nuestra sensación de la angustia nos proporciona ya algún dato. Su carácter displaciente parece presentar, en efecto, algún rasgo especial, si bien no resulta fácil su determinación. Pero además de este carácter peculiar, difícilmente aislable, corresponden a la angustia sensaciones físicas más precisas, que referimos a determinados órganos. Como de momento no nos interesa la fisiología de la angustia, nos bastará con hacer resaltar algunas de tales sensaciones, y elegiremos para ello las más frecuentes y precisas, que afectan a los órganos respiratorios y al corazón. Estas sensaciones demuestran que en el proceso total de la angustia participan inervaciones motoras, o sea, procesos de descarga. Así, pues, el análisis del estado de angustia da los siguientes resultados: Primero, un carácter displaciente específico; segundo, actos de descarga, y tercero, las percepciones de tales actos.

Los puntos segundo y tercero nos dan ya una diferencia con respecto a otros estados análogos, por ejemplo, la tristeza y el dolor. Estos estados no integran manifestaciones motoras, y cuando estas se presentan en ellos revelan no ser elementos del afecto, sino consecuencia del mismo o reacciones a él. Así, pues, la angustia es un estado displaciente especial, con actos de descarga por vías determinadas. Siguiendo nuestra concepción general habremos de suponer que la angustia se basa en un incremento de la excitación, el cual crea, de un lado, el carácter displaciente, y decrece, de otro, por medio de los indicados actos de descarga. Mas no bastándonos esta síntesis puramente fisiológica, nos inclinaremos a admitir la existencia de un factor histórico que enlaza estrechamente entre sí las sensaciones y las inversiones de la angustia. O, dicho de otro modo, supondremos que el estado de angustia es la reproducción de una experiencia que integraba las condiciones de un tal incremento del estímulo y las de la descarga por vías determinadas, lo cual daría al displacer de la angustia su carácter específico. Tal experiencia prototípica sería, para los hombres, el nacimiento. Así, pues, nos inclinamos a ver en el estado de angustia una reproducción del trauma del nacimiento.

No afirmamos con esto nada que procure a la angustia un puesto excepcional entre los estados afectivos. A nuestro juicio, también los demás afectos son reproducciones de sucesos antiguos, de importancia vital y, eventualmente, preindividuales; y los consideramos como ataques histéricos universales, típicos e innatos, comparados a los ataques de la neurosis histérica, posterior e individualmente adquiridos, cuya génesis y significación de símbolos mnémicos nos ha revelado el análisis. Sería muy de desear que esta misma interpretación se demostrara aplicable a otros afectos distintos, mas, por ahora, nos hallamos muy lejos de ello.

La conexión de la angustia con el nacimiento tropieza inmediatamente con varias objeciones. La angustia es probablemente una reacción propia de todos los organismos, por los menos de todos los superiores, y, en cambio, el nacimiento por el proceso del parto sólo es común a los mamíferos, no estando tampoco probado que tenga en todos ellos un carácter traumático. Hay, pues, también, angustia que no tiene su prototipo en el nacimiento. Pero esta objeción traspasa los límites dados en la Biología y la Psicología. Precisamente porque la angustia tiene que llevar a cabo, como reacción al estado de peligro, una función biológicamente indispensable, puede hallarse organizada de un modo distinto en los diversos seres vivos. Tampoco sabemos si en los seres lejanos al hombre presenta las mismas sensaciones e inervaciones que en él. Por lo tanto, nada se opone a que la angustia del hombre tome por modelo el proceso del nacimiento.

Siendo estas la estructura y génesis de la angustia, habremos de preguntarnos ahora cuál es su función y en qué ocasiones se reproduce. La respuesta parece fácil y convincente: la angustia nació como reacción a un estado de *peligro* y se reproduce cuando surge de nuevo un tal estado.

Pero hay que tener en cuenta algunas observaciones. Las inervaciones del estado de angustia primitivo fueron, muy probablemente, lógicas y adecuadas, del mismo modo que los actos musculares del primer ataque histérico. Para explicarnos el ataque histérico no tenemos más que buscar la situación en la que los movimientos correspondientes constituían una parte de un acto justificado. Así, en el acto del nacimiento la inervación de los órganos respiratorios tiende muy verosímilmente a preparar la actividad pulmonar, y el aceleramiento de los latidos del corazón, a contrarrestar el envenenamiento de la sangre. Esta adecuación falta, naturalmente, en la reproducción ulterior del estado de angustia como afecto, e igualmente en la repetición del ataque histérico. Así, pues, cuando el individuo se ve en una nueva situación peligrosa puede resultar inadecuado que responda a ella con el estado de angustia, esto es, con la reacción a un peligro pretérito, en lugar de seguir la reacción adecuada al peligro actual. Pero la adecuación reaparece al ser reconocida la proximidad de la situación peligrosa, y ser esta señalada por la explosión de la angustia. Esta última puede entonces ser suprimida en el acto, por medio de medidas apropiadas. Se distinguen, pues, en seguida, dos posibilidades de la aparición de angustia: una, inadecuada con relación a una nueva situación peligrosa; la otra, adecuada, para señalar y prevenir tal situación.

Ahora bien, ¿qué es un peligro? En el acto del nacimiento existe un peligro objetivo para la conservación de la vida. Sabemos lo que esto significa en la realidad, pero psicológicamente no nos dice nada. El peligro del nacimiento carece aún de contenido psíquico. Desde luego no podemos atribuir al feto nada que se aproxime a una especie de conocimiento de la posibilidad de que el nacimiento tenga un desenlace fatal para su existencia. El feto no puede advertir sino una extraordinaria perturbación de la economía de su libido narcisista. Llegan a él grandes magnitudes de excitación, que generan sensaciones de displacer, no experimentadas aún, y algunos de sus órganos adquieren elevadas cargas, circunstancia que constituye como un preludio de la carga del objeto, que no tardará en iniciarse. Pero de todo esto, ¿qué es lo que puede ser valorado como signo de una "situación peligrosa"?

Apenas nos queda ya sino estudiar las ocasiones en que el niño se muestra propicio al desarrollo de angustia durante la lactancia y en la época inmediatamente posterior. En su libro *El trauma del nacimiento*[7] ha realizado Otto Rank una enérgica tentativa de demostrar la relación de las fobias infantiles más tempranas con la impresión del suceso del nacimiento. Pero, a nuestro juicio, no ha alcanzado esta tentativa su propósito. Pueden reprochársele dos cosas. En primer lugar, se basa en la hipótesis de que el niño ha recibido en su nacimiento determinadas impresiones sensoriales, especialmente de naturaleza visual, cuya renovación puede provocar el recuerdo del trauma del nacimiento y con él la reacción de angustia. Esta hipótesis no aparece demostrada y es harto inverosímil. No puede creerse que el niño haya retenido de su nacimiento más sensaciones que algunas táctiles y otras de carácter general. Así, pues, la explicación dada por Rank al miedo que muestra el niño al ver salir a un animalito de un agujero o entrar en él, considerando tal miedo como reacción a la percepción de una analogía, no es admisible, pues el niño no puede darse cuenta de tal analogía. Pero, además, al tratar de estas situaciones de angustia ulteriores, concede Rank eficacia, según los casos, bien al recuerdo de la feliz existencia intrauterina, bien al de la perturbación traumática, con lo cual queda abierto el camino a la arbitrariedad en la interpretación.

Algunos casos de esta angustia infantil contradicen abiertamente la aplicación del principio de Rank. Cuando el niño es dejado solo en la obscuridad, deberíamos esperar que aceptase contento una tal reconstitución de la situación intrauterina, pero, muy al contrario, reacciona a ella con angustia, y al explicar Rank este hecho por el recuerdo de la interrupción del feliz estado intrauterino, no hace sino evidenciar lo forzado de sus hipótesis.

---

[7] Otto Rank: "Das Trauma der Geburt und seine Bedeutung für die Psychoanalyse", en *Internat. Psychoanalyt. Bibliothek*, XIV, 1924.

Hemos, pues, de concluir, que las fobias infantiles más tempranas no permiten referencia alguna directa a la impresión del acto del nacimiento, eludiendo así hasta ahora, en general, toda explicación. Es innegable, por otra parte, que el niño de pecho muestra cierta disposición a la angustia. Esta disposición no presenta su máxima intensidad inmediatamente después del nacimiento, para ir luego disminuyendo poco a poco, sino que aparece ulteriormente, con el progreso del desarrollo anímico, y se mantiene durante un cierto período de la infancia. Cuando estas fobias tempranas perduran más allá de tal período, hacen sospechar la existencia de una perturbación neurótica, aunque tampoco se nos haya hecho visible en modo alguno su relación con las ulteriores neurosis infantiles más claras y precisas.

Sólo muy pocos casos de la manifestación infantil de angustia nos son comprensibles. A ellos habremos de atenernos. En total son tres: Cuando el niño está solo, cuando se halla en la obscuridad y cuando encuentra a una persona extraña en el lugar de la que le es familiar (de la madre). Estas tres situaciones se reducen a una sola condición: la de advertir la falta de la persona amada (ansiada). A partir de este punto se halla totalmente libre el camino que conduce a la comprensión de la angustia y a la solución de las contradicciones que parecen enlazarse a ella.

La imagen mnémica de la persona ansiada es objeto, seguramente, de una carga muy intensa, y en un principio, probablemente, alucinatoria. Pero ello no trae consigo resultado alguno y parece como si esta ansia se transformase en angustia. Llegamos incluso a tener la impresión de que una tal angustia es un signo de indecisión, como si el pequeño ser, muy falto aún de desarrollo, no supiera hacer cosa mejor con dicha carga de ansia. La angustia surge así como reacción al hecho de advertir la falta del objeto, circunstancia que nos recuerda que el miedo a la castración tiene por contenido la separación de un objeto muy estimado y que la angustia más primitiva —la del nacimiento— surgió al verificarse la separación de la madre.

Nuestra reflexión supera pronto esta acentuación de la pérdida del objeto. Si el niño de pecho demanda la percepción de la madre es porque la experiencia le ha enseñado que aquella satisface sin dilación sus necesidades. La situación que considera como un "peligro" y contra la cual quiere hallarse asegurado es la de insatisfacción, la del *crecimiento de la tensión de la necesidad*, contra la cual es impotente. Creemos que desde este punto de vista se aclara ya todo. La situación de insatisfacción, en la cual las magnitudes de estímulo alcanzan proporciones muy displacientes, sin encontrar un aprovechamiento psíquico que las domine ni derivación alguna, es la que ha de ser, para el niño de pecho, análoga a la experiencia del nacimiento, constituyendo la repetición de la situación de peligro. Ambas situaciones tienen de común la perturbación económica por el crecimiento de las magnitudes de estímulo que demandan una descarga, factor que constituye el verdadero nódulo del "peligro", y en los dos casos aparece como reacción la angustia, reacción que en el niño de pecho se demuestra aún adecuada, puesto que el encaminamiento de la descarga hacia los músculos de los aparatos respiratorios y vocal hace acudir a la madre, como antes hubo de intensificar la actividad pulmonar con el fin de suprimir los estímulos internos. El niño no necesita haber conservado de su nacimiento más que esta simple característica del peligro.

Con la experiencia de que un objeto exterior, aprehensible por medio de la percepción, puede poner término a la situación peligrosa que recuerda la del nacimiento, se desplaza el contenido del peligro desde la situación económica a su condición, o sea, a la pérdida del objeto. El peligro es ahora la ausencia de la madre, y en cuanto el niño la advierte, da la señal de angustia antes de que llegue a establecerse la temida situación económica.

Este cambio constituye un primer progreso importante en el cuidado de la propia conservación y cierra al mismo tiempo la transición desde la génesis automática involuntaria de la angustia a su reproducción intencionada como señal de peligro.

En ambos sentidos, tanto en calidad de fenómeno automático como de señal salvadora, se muestra la angustia como producto de la impotencia psíquica del niño de pecho, paralela a su impotencia biológica. La coincidencia singular de que tanto la angustia del nacimiento como la del niño de pecho tengan por condición la separación de la madre no precisa de explicación psicológica, bastando su explicación biológica por el hecho de que la madre, que ha satisfecho primero todas las necesidades del feto por la disposición misma de su organismo, continúa realizando esta función después del nacimiento en parte con otros medios. La vida intrauterina y la primera infancia constituyen una continuidad menos interrumpida de lo que el parto nos hace suponer. El objeto materno psíquico sustituye para el niño la situación fetal biológica. No debemos olvidar que en la vida intrauterina no existía objeto ninguno, no siéndolo, por lo tanto, tampoco la madre.

Fácilmente se ve que no puede pensarse ya en una derivación por reacción del trauma del nacimiento, ni atribuir a la angustia otra función que la de una señal preventiva encaminada a evitar la situación de peligro. Veamos ahora la condición de la angustia ante la pérdida del objeto. La inmediata transformación de la angustia, o sea, el miedo a la castración que surge en la fase fálica, es una angustia ante la separación, enlazada a la misma condición. El peligro es aquí la separación de los genitales. Ferenczi ha descrito muy acertadamente, a nuestro juicio, su conexión con los contenidos anteriores de la situación del peligro. La alta valoración narcisista del pene puede atribuirse al hecho de que la posesión de este órgano constituye la garantía de una nueva reunión con la madre (con el sustitutivo de la madre) en el acto del coito. El ser despojado de tal miembro equivale a una nueva separación de la madre y significa, por lo tanto, ser abandonado de nuevo, totalmente inerme, a una tensión de la necesidad (como en el nacimiento). Pero la necesidad cuyo incremento se teme es ahora una necesidad especializada, la de la libido genital, y no ya indistinta como en la época de la lactancia. Añadiremos aquí que la fantasía del retorno al seno materno constituye el sustitutivo del coito en los impotentes (en los inhibidos por la amenaza de castración). En el sentido de Ferenczi, puede decirse que el individuo, que pensaba dejar representar por su órgano genital en su retorno al seno materno, sustituye regresivamente este órgano por toda su persona.

Los progresos del desarrollo del niño, el aumento de su independencia, la más precisa diferenciación de su aparato anímico en varias instancias y la aparición de nuevas necesidades, no pueden por menos de influir sobre el contenido de la situación de peligro. Ya hemos seguido su transformación desde la pérdida del objeto materno hasta la castración. El poder del *super-yo* provoca un nuevo cambio. Con la despersonalización de la instancia paterno-materna, de la cual se temía la castración, se hace más indeterminado el peligro. El miedo a la castración se convierte en miedo a la propia conciencia moral y en medio social. No es ya fácil indicar lo que la angustia teme. La fórmula "separación, expulsión de la horda" no se adapta más que a aquel fragmento posterior del *super-yo* que se ha desarrollado apoyándose en modelos sociales; pero no al nódulo del *super-yo*, que corresponde a la instancia paterno-materna introyectada. Dicho de un modo más general, lo que el *yo* considera como un peligro, y a lo que responde con la señal de angustia, es a la cólera del *super-yo*, al castigo que el mismo puede imponerle y a la pérdida de su amor. La última transformación que de este miedo al *super-yo* se nos ha transformado ha sido el miedo a la muerte (a la vida), o sea, la angustia ante la proyección del *super-yo* en los poderes del destino.

En ocasión anterior concedimos un cierto valor al hecho de que en el proceso de la represión fuera la carga retraída la utilizada como derivación por medio de la angustia. Este hecho nos parece ahora falto de toda importancia. Tal mudanza obedece a que precedentemente creíamos que la angustia surgía siempre de un modo automático, por un proceso económico, mientras que nuestra actual concepción de la angustia como una señal intencionada del *yo*, encaminada a influir sobre la instancia placer-displacer, la hace independientemente de toda relación económica. Naturalmente, nada puede oponerse a la hipótesis de que el *yo* utiliza la energía que en la represión queda libre, precisamente para despertar el afecto; pero ha perdido toda importancia la cuestión de cuál es la parte de la energía con la que esto sucede.

Hay otra de nuestras anteriores afirmaciones que demanda ser revisada a la luz de nuestra nueva concepción, la cual sostiene que el *yo* es la verdadera sede de la angustia. Esperamos que tal revisión no hará sino confirmar su exactitud. No tenemos, en efecto, ningún motivo para atribuir al *super-yo* manifestación alguna de angustia, y al hablar de una "angustia del *Ello*" no hacemos sino usar una expresión impropia, que habremos de corregir. La angustia es un estado afectivo, que naturalmente sólo puede ser sentido por el *yo*. El *Ello* no puede, como el *yo*, experimentar angustia, pues no es una organización, ni puede discriminar las situaciones peligrosas. En cambio, es muy frecuente el desarrollo o preparación en el *Ello* de procesos que dan ocasión al *yo* para una explosión de angustia. En realidad, las represiones quizá más tempranas y la mayoría de las ulteriores son motivadas por una tal angustia del *yo* ante procesos desarrollados en el *Ello*. Distinguimos de nuevo aquí muy fundadamente dos casos: el primero, que en el *Ello* suceda algo que active alguna de las situaciones peligrosas para el *yo* y le mueva a dar la señal de angustia para iniciar la inhibición; y el segundo, que se constituya también en el *Ello* una situación análoga a la del trauma del nacimiento, en la cual surge automáticamente la reacción angustiosa. Estos dos casos se aproximan, acentuando que el segundo corresponde a la primera y primitiva situación del peligro, y el primero, en cambio, a una de las condiciones de la angustia, ulteriormente derivadas de tal situación. O, dicho de otro modo, y con relación a las afecciones realmente existentes, el segundo caso es característico de la etiología de las neurosis actuales, y el primero de la etiología de las psiconeurosis.

Vemos, pues, que no necesitamos despreciar nuestras anteriores afirmaciones, sino tan sólo enlazarlas con los nuevos conocimientos adquiridos. Es innegable que la abstinencia sexual, la perturbación del curso de la excitación sexual y la desviación de esta última de su elaboración psíquica dan origen a la génesis directa de angustia por transformación de la libido, esto es, a la constitución de aquel estado de impotencia del *yo* contra una extraordinaria tensión de la necesidad, que se resuelve en angustia, siendo muy posible que precisamente el exceso de libido no empleada halle su descarga en el desarrollo de angustia. Sobre la base de estas neurosis actuales se desarrollan con especial facilidad psiconeurosis, lo cual quiere decir que el *yo* intenta evitar la angustia, que ha aprendido a mantener suspendida durante algún tiempo, y ligarla por medio de la formación de síntomas. El análisis de las neurosis traumáticas de guerra, nombre que abarca, por cierto, afecciones muy diversas, hubiera quizá revelado que muchas de ellas participan de los caracteres de las neurosis actuales.

Al exponer el desarrollo de las diferentes situaciones peligrosas, partiendo de la primitiva del nacimiento, modelo de todas ellas, no afirmamos, desde luego, que cada una de las ulteriores condiciones de la angustia derrocara por completo las anteriores. Los progresos del desarrollo del *yo* contribuyen, ciertamente, a desvalorizar y desplazar la situación peligrosa anterior, pudiendo así decirse que cada una de las edades del desarrollo tiene adscrita cierta condición de angustia adecuada a ella. El peligro de la impotencia psíquica corresponde a la época de la carencia de madurez del *yo*; el peligro de la pérdida del objeto, a la falta de independencia de los primeros años infantiles; el peligro de la castración, a la fase fálica; y el miedo al *super-yo*, al período de latencia. Pero todas estas situaciones peligrosas y condiciones de la angustia pueden subsistir conjuntamente y provocar la reacción angustiosa del *yo* en épocas posteriores a las adecuadas o actuar varias de un modo simultáneo. Probablemente, existen también relaciones muy estrechas entre la situación peligrosa de que se trate y la forma de la neurosis consiguiente[8].

---

[8] La diferenciación del *yo* y el *Ello* tenía que reavivar nuestro interés hacia los problemas de la represión. Hasta entonces nos había bastado considerar la parte de este proceso vuelta hacia el *yo*, el apartamiento de la conciencia y de la motilidad y la formación de sustitutivos o síntomas, suponiendo que el impulso instintivo reprimido perduraba no modificado en lo consciente durante un tiempo indeterminado. Nuestro interés se orienta ahora hacia los destinos de lo reprimido, y sospechamos que una tal perduración no modificada e inmodificable no es natural, ni siquiera, quizá, corriente. Desde luego, el impulso instintivo primitivo ha sido inhibido y desviado de su fin por la represión. Pero hemos de preguntarnos si su conexión con lo inconsciente ha sido mantenida y si ha resistido a las influencias transformadoras y desvalorizadas de la vida; esto es, si subsisten aún los antiguos deseos cuya existencia nos revela el análisis. La respuesta parece fácil y segura: los antiguos deseos reprimidos tienen que subsistir aún en lo inconsciente, puesto que los síntomas, ramificaciones suyas, conservan su eficacia. Pero esta solución no es suficiente, pues no nos permite decidir entre las dos posibilidades existentes, o sea, la de que el antiguo deseo no actúe ahora sino por medio de sus ramificaciones a las que habría transferido toda su energía de carga, y la de que, además, subsista dicho deseo por sí mismo. Si su destino era agotarse en la carga de sus ramificaciones, queda aún la tercera

Al tropezar en un fragmento anterior de esta investigación con la significación del peligro de la castración en más de una afección neurótica, indicamos la conveniencia de no exagerar su importancia, dado que no podía ser decisivo en el sexo femenino, más dispuesto desde luego a la neurosis. Vemos ahora que no corremos ningún peligro de considerar el miedo a la castración como el único motor de los procesos de defensa que conducen a la neurosis. En otro lugar hemos explicado cómo el desarrollo de la niña es orientado, por el complejo de la castración, hacia la carga amorosa de objeto. En la mujer parece ser la pérdida de objeto la situación de mayor eficacia. En la correspondiente condición de la angustia hemos de tener en cuenta la pequeña modificación de que no se trata ya de la ausencia o de la pérdida real del objeto, sino de la pérdida de su amor. Siendo indiscutible que la histeria presenta una mayor afinidad con la femineidad, del mismo modo que la neurosis obsesiva con la virilidad, cabe suponer que la pérdida del amor del objeto, como condición de angustia, desempeña en la histeria un papel análogo al de la amenaza de castración en las fobias y al del miedo al *super-yo* en la neurosis obsesiva.

---

posibilidad; de que en el curso de la neurosis haya sido reanimado por regresión, por muy extemporáneo que ahora sea. No son nada ociosas estas reflexiones, pues mucha parte de los fenómenos, tanto de la vida anímica patológica, como de la normal, parece exigir el planteamiento de tales cuestiones. En nuestro estudio sobre el naufragio del complejo de Edipo fue donde advertimos la diferencia entre la mera represión y la verdadera supresión de un antiguo impulso optativo.

IX

Sólo nos quedan por examinar las relaciones entre la formación de síntomas y el desarrollo de angustia.

Dos son las opiniones más extendidas sobre esta cuestión. Una de ellas ve en la angustia misma un síntoma de la neurosis; la otra cree en la existencia de una relación más íntima entre ambas. Según ella, toda formación de síntomas es emprendida con el solo y único fin de eludir la angustia. Los síntomas ligan la energía psíquica que, de otro modo, sería descargada en forma de angustia, resultando así la angustia el fenómeno fundamental y el principal problema de la neurosis.

La exactitud, por lo menos parcial, de esta segunda hipótesis queda demostrada por ejemplos muy convincentes. Un enfermo de agorafobia, al que acompañamos por la calle, será presa de un ataque de angustia si le abandonamos. Igualmente sucederá al enfermo de neurosis obsesiva al que, por ejemplo, se le impida lavarse las manos después de un contacto. Es, pues, indudable, que la condición de ir acompañado y la ablución obsesiva pretendían y conseguían evitar tales explosiones de angustia. En este sentido pueden calificarse de síntomas todas las inhibiciones que el *yo* se impone.

Más habiendo referido nosotros el desarrollo de angustia a la situación peligrosa, preferimos decir que los síntomas son creados para librar al *yo* de tal situación. Si la formación de síntomas es impedida, surge realmente el peligro, esto es, se constituye aquella situación análoga al nacimiento, en el cual se encuentra inerme el *yo* contra las exigencias instintivas constantemente crecientes, o sea, la primera y más primitiva de las condiciones de la angustia. Desde este punto de vista, las relaciones entre la angustia y el síntoma se demuestran menos estrechas de lo que suponíamos, consecuencia natural de haber interpolado entre tales dos factores el de la situación peligrosa. Podemos decir también, como complemento, que el desarrollo de angustia inicia la formación de síntomas y constituye incluso una premisa necesaria de tal formación, pues si el *yo* no despertara por medio del desarrollo de angustia a la instancia placer-displacer, no alcanzaría el poder de detener el proceso amenazador iniciado en el *Ello*. Se revela aquí innegablemente la tendencia de limitar a un mínimo el desarrollo de angustia, no utilizando esta sino como señal, pues de no hacerlo así se experimentará en otro lugar distinto el displacer que con el proceso instintivo amenaza, lo cual no constituye un éxito de los propósitos del principio del placer, y es esto, sin embargo, muy frecuente en las neurosis.

Así, pues, la formación de síntomas logra realmente el resultado de suprimir la situación peligrosa. Tal formación tiene dos aspectos: uno oculto a nuestra percepción, que establece en el *Ello* aquellas modificaciones mediante las cuales es sustraído el *yo* al peligro, y otro visible, que nos muestra lo que ha creado en lugar del proceso instintivo influido, o sea, la formación de sustitutivos.

Ahora bien: es desde luego más correcto atribuir al proceso defensivo lo que acabamos de decir de la formación de síntomas, y no usar esta última expresión, sino como sinónima de la formación de sustitutivos. Vemos entonces claramente que el proceso defensivo es análogo a la fuga por medio de la cual se sustrae el *yo* a un peligro que le amenaza desde el exterior, representando, por tanto, un intento de fuga ante un peligro instintivo. Las objeciones que pronto suscita esta comparación nos ayudarán a lograr más completo esclarecimiento. En primer lugar, puede objetarse que la pérdida del objeto (la pérdida del amor del objeto) y la amenaza de castración son también peligros que nos acechan desde el exterior, como pudiera serlo un fiero animal dispuesto a atacarnos, y no, por tanto, peligros instintivos. Pero no es el mismo caso. El lobo nos atacaría, probablemente, cualquiera que fuese nuestra conducta para con él. En cambio, la persona amada no nos retiraría su amor, ni seríamos amenazados con la castración, si no alimentásemos en nuestro interior ciertos sentimientos e intenciones. Estos impulsos instintivos llegan a ser así condiciones del peligro, y con ello peligrosas por sí mismas, haciéndosenos así posible combatir el peligro exterior con medidas contra peligros interiores. En las zoofobias parece ser sentido aún el peligro como totalmente exterior, correlativamente al desplazamiento hacia el exterior que experimenta el síntoma. En la neurosis obsesiva es internado más; la parte del miedo al *super-yo*, que es miedo social, representa aún el sustitutivo interior de un peligro exterior; y la otra parte, el miedo de la conciencia moral, es totalmente endopsíquica.

Una segunda objeción alega que en la tentativa de fuga ante el peligro exterior que nos amenaza, no hacemos sino aumentar la distancia espacial que de él nos separa. No combatimos el peligro ni intentamos modificar nada en él, como hacemos en el otro caso, apaleando al lobo o disparando sobre él. En cambio, el proceso defensivo parece llevar a cabo algo más de lo que corresponde a un intento de fuga. Interviene en el curso del instinto, lo somete en algún modo, lo desvía de su fin y consigue así hacerlo inofensivo. Esta objeción parece indiscutible y merece atención. A nuestro juicio, lo que sucede es que, al lado de procesos defensivos justificadamente comparables a un intento de fuga, existen otros en los que el *yo* se defiende más activamente, llevando a cabo actos de oposición más enérgicos. Todo ello aceptando, claro está, que la comparación de la defensa con la fuga no queda invalidada por la circunstancia de ser el *yo* y el instinto del *Ello* parte de una misma organización y no existencias separadas, como el lobo y el niño, de manera que la conducta del *yo* tiene que repercutir necesariamente en el proceso instintivo.

Es estudio de las condiciones de la angustia nos ha proporcionado, por decirlo así, un esclarecimiento racional de la conducta del *yo* en la defensa. Cada una de las situaciones peligrosas corresponde a cierta época de la vida o a una fase del desarrollo del aparato anímico, correspondencia que parece, además, justificada. Durante la primera infancia no se halla el sujeto realmente en situación de dominar psíquicamente grandes magnitudes de excitación que le llegan del interior o del exterior. En cierto período de la vida es verdaderamente de supremo interés para el sujeto el que las personas de las cuales depende no le retiren sus tiernos cuidados. Cuando crece el niño ve ya en el poderoso padre un rival cerca de la madre y surgen en él tendencias agresivas contra el mismo e intenciones sexuales con respecto a la madre; tiene razones justificadísimas para temer al padre, y el miedo al castigo, intensificado filogénicamente, llega a exteriorizarse como miedo a la castración. Con la iniciación de las relaciones sociales, el miedo al *super-yo*, a la conciencia moral, e incluso la falta de este factor, llegan a ser fuentes de graves conflictos y peligros, etc. Pero precisamente a estas circunstancias se enlaza un nuevo problema.

Intentemos sustituir la angustia por otro afecto, por ejemplo, el dolor. Consideramos completamente normal que una niña de cuatro años llore desconsoladamente porque se le ha roto una muñeca; una de seis años, porque la maestra la ha regañado, una muchacha de dieciséis, porque el novio no se ocupa de ella, y una mujer de veinticinco, porque se le ha muerto un hijo. Cada una de estas condiciones de dolor tiene un tiempo y desaparecen con él; las últimas, definitivas, perduran a través de toda la vida. En cambio, extrañaremos que una mujer adulta llore la pérdida o deterioro de una chuchería. Ahora bien, tal es la conducta que siguen los neuróticos. En su aparato anímico se han desarrollado ya ampliamente, dentro de ciertos límites, todas las instancias destinadas a dominar los estímulos, tienen capacidad suficiente para satisfacer por sí mismos la mayoría de sus necesidades y saben que la castración no es ya empleada como castigo, pero, no obstante, se conduce como si subsistieran aún las antiguas situaciones peligrosas, manteniendo así todas las anteriores condiciones de la angustia.

La explicación de este fenómeno requiere cierto detenimiento y ha de atenerse, ante todo, a los hechos reales. En muchos casos son realmente abandonadas las antiguas condiciones de la angustia, una vez que han creado reacciones neuróticas. Las fobias de los niños pequeños a la soledad, la obscuridad y las personas extrañas, fobias que han de considerarse casi normales, desaparecen por lo general con el transcurso del tiempo. Las zoofobias, tan frecuentes, siguen la misma suerte, e igualmente muchas histerias de conversión de los años infantiles. Durante el período de latencia es frecuentísima la aparición de ceremoniales, pero sólo un pequeño tanto por ciento de estos casos llega a desarrollarse hasta plenas neurosis obsesivas. Las neurosis infantiles son, —dentro de los límites de nuestras experiencias clínicas, circunscritas a niños de la raza blanca sometidos a las altas exigencias culturales de la vida ciudadana—, en general, episodios regulares del desarrollo, aunque hasta ahora no se les haya concedido la atención que merecen. En los neuróticos adultos hallamos siempre los signos de una neurosis infantil. En cambio, no todos los niños que muestran tales signos llegan después a ser neuróticos. Quiere esto decir que en el curso de la maduración tienen que haber desaparecido ciertas condiciones de la angustia y perdido su significación ciertas situaciones peligrosas. A esto se agrega que algunas de estas situaciones peligrosas logran salvarse y pasar a épocas posteriores, modificando correlativamente su condición de la angustia. Así, el miedo a la castración se conserva bajo el disfraz de miedo a la sífilis, una vez enterado el sujeto de que la castración no es empleada ya como castigo de los placeres, existiendo, en cambio, la posibilidad de contraer graves dolencias. Otras condiciones de la angustia no se hallan destinadas a desaparecer, sino a acompañar al hombre durante toda su vida. Así, el miedo al *super-yo*. El neurótico se diferencia entonces del normal en el hecho de intensificar exageradamente las reacciones a estos peligros. Por último, tampoco la edad adulta ofrece una protección suficiente contra el retorno de la situación angustiosa primitiva traumática. Parece como si para cada sujeto existiese un límite, más allá del cual fallase su aparato anímico en el dominio de la descarga de magnitudes de excitación.

Estas pequeñas rectificaciones no están en modo alguno destinadas a discutir el hecho aquí examinado, o sea el de la existencia de un gran número de sujetos que conservan ante el peligro una conducta infantil y no logran dominar condiciones de angustia pertenecientes a épocas pasadas. Negar este hecho supondría negar la neurosis, pues a tales personas es precisamente a las que damos el nombre de neuróticos. Mas ¿cómo es esto posible? ¿Por qué no son todas las neurosis episodios del desarrollo que terminan al alcanzar el mismo su fase siguiente? ¿De dónde procede el factor que hace durar estas reacciones al peligro? ¿Y de dónde la prerrogativa de que la angustia parece gozar sobre los otros efectos, de ser el único que provoca reacciones que se diferencian anormalmente de las demás y se oponen, como inadecuadas, a la corriente vital? En definitiva: nos hallamos de nuevo inesperadamente ante el problema tantas veces planteado del origen de la neurosis y de su último y especial motivo, problema que, después de muchos años de labor analítica, se alza aún intacto ante nosotros.

X

La angustia es la reacción al peligro. No es posible rechazar la idea de que si la angustia puede conquistar en la economía anímica un lugar de excepción es porque se halla íntimamente enlazada a la esencia del peligro. Pero los peligros son comunes a todos los humanos y los mismos para todos. Aquello que necesitamos y no hallamos es un factor que nos explique por qué existen individuos que pueden subordinar la angustia, no obstante su singularidad, a la actividad anímica normal, o determine cuáles son los que han de fracasar en tal empresa. Toda tentativa de descubrir un tal factor ha de ser acogida con simpatía de responder a una verdadera necesidad científica. Hasta nosotros se han hecho dos tentativas de este género. La primera fue emprendida hace ya más de diez años por Alfred Adler, el cual afirma, en síntesis, que los que fracasan en la labor planteada por el peligro son aquellos individuos a los cuales la inferioridad de sus órganos crea dificultades excesivas. Si en este punto se demostrara cierto el principio de *simplex sigillum veri*, habríamos de acoger con entusiasmo una tal solución. Mas, por el contrario, la crítica de los últimos diez años ha demostrado la insuficiencia de esta explicación, que, por otro lado, rebasa los múltiples hechos descubiertos por el psicoanálisis.

La segunda tentativa ha sido realizada por Otto Rank en su obra *El trauma del nacimiento*. Sería injusto equipararla a la de Adler, pues permanece dentro del terreno del psicoanálisis, cuyas ideas directivas continúa, y debe ser considerada como un esfuerzo legítimo para resolver los problemas analíticos. En la relación dada entre el individuo y el peligro, prescinde Rank de la debilidad orgánica del individuo y se orienta hacia la variable intensidad del peligro. El proceso del nacimiento es la primera situación peligrosa, y la agitación económica por él producida se constituye un prototipo de la reacción angustiosa. En las páginas anteriores hemos perseguido la línea de desarrollo que une esta primera situación peligrosa y primera condición de la angustia con todas las ulteriores y hemos visto que todas ellas conservan algo común, por significar todas, en cierto sentido, una separación de la madurez; al principio sólo en sentido biológico, luego en el de una pérdida directa del objeto y, más tarde, en el de una pérdida indirectamente provocada del mismo. El descubrimiento de esta amplia conexión es un indiscutible merecimiento de Rank.

Ahora bien: el trauma del nacimiento afecta a cada individuo con intensidad distinta, variando, con la intensidad del trauma, la violencia de la reacción de angustia, y según Rank, depende de esta magnitud inicial del desarrollo de angustia el que el individuo llegue o no a dominarlo por completo algún día, o sea, el que llegue a ser normal o neurótico.

No nos incumbe realizar una crítica detallada de las hipótesis de Rank, sino tan sólo examinar si pueden contribuir a la solución de nuestro problema. La fórmula rankiana de que los neuróticos son aquellos individuos que, a causa de la intensidad del trauma experimentado en su nacimiento, no consiguen jamás derivar por reacción dicho trauma en su totalidad, es muy discutible teóricamente. No se sabe tampoco fijamente a lo que se alude con la expresión de "derivar el trauma por reacción". Tomándola en su sentido literal, llegamos a la conclusión inadmisible de que el neurótico se acerca tanto más a la curación, cuanto más frecuente e intensamente reproduce el efecto angustioso. A causa de esta misma contradicción con la realidad abandonamos nosotros en su tiempo la teoría de la derivación por reacción, que tan importante papel desempeñaba en la catarsis. Situando en primer término la intensidad variable del trauma del nacimiento, no se deja lugar alguno en la etiología al influjo indudable de la constitución hereditaria. Y dicha intensidad no es, en relación con la constitución, sino un factor orgánico casual dependiente de influencias también casuales; por ejemplo, del auxilio oportuno en el parto. La teoría de Rank prescinde por completo de los factores constitucionales y filogénicos. Por otro lado, si queremos hacer un lugar a la influencia de la constitución, suponiendo que lo decisivo es la medida en que el individuo reacciona a la intensidad del trauma del nacimiento, habremos despojado a la teoría rankiana de toda su importancia, adscribiendo al nuevo factor por ella introducido un papel secundario. Así, pues, al factor que decide si el desenlace ha de ser o no la neurosis pertenecerá a un sector distinto, de nuevo desconocido para nosotros.

Tampoco el hecho de que siendo el hombre, como los demás mamíferos, un animal vivíparo y naciendo como ellos por el proceso del parto, ostente, a diferencia de ellos, una especial disposición a la neurosis, parece muy favorable a la teoría de Rank. Pero la objeción más grave que puede hacérsele es la de carecer de toda base sustentadora y no apoyarse en observaciones firmes. No se ha realizado investigación alguna sobre la coincidencia del nacimiento en parto difícil, y la ulterior neurosis, ni siquiera sobre si los niños así nacidos muestran con mayor intensidad o permanencia los fenómenos de angustia de la temprana infancia. Si se acepta que los nacimientos precipitados y fáciles para la madre significan, muy probablemente, para el hijo, traumas graves, habrá de reconocerse igualmente, que los partos graves, en los que el feto llega a la asfixia, tendrían que evidenciar las consecuencias afirmadas. La etiología de Rank parece presentar la ventaja de permitir una comprobación experimental. Pero mientras tal comprobación no se lleve a cabo, es imposible fijar su valor.

En cambio, no podemos agregarnos a la opinión de que la teoría rankiana contradice la significación etiológica de los instintos sexuales, reconocida hasta ahora en psicoanálisis, pues se refiere tan sólo a la relación del individuo con la situación peligrosa y deja margen a la hipótesis de que el sujeto que no pudo dominar los primeros peligros, fracasará también necesariamente en las situaciones del peligro sexual ulteriormente emergentes y caerá así en la neurosis.

No creo, pues, que la tentativa de Rank haya solucionado el problema del origen de la neurosis, sin que, a mi juicio, sea tampoco posible determinar, por ahora, en qué medida puede contribuir a tal solución. Si el resultado de las investigaciones sobre la relación de los nacimientos difíciles con la disposición a la neurosis es negativo, dicha contribución habrá de estimarse muy pequeña. Es muy de lamentar que la necesidad científica de una "última causa", tangible y unitaria, de la nerviosidad, haya de permanecer siempre insatisfecha. El caso ideal, ansiado probablemente aún hoy en día por los médicos, sería el del bacilo susceptible de ser aislado y cultivado en vacunas, cuya aplicación a otros individuos provocase en ellos igual enfermedad. O también la existencia de materias químicas que produjeran y suprimieran determinadas neurosis. Pero estas soluciones del problema parecen carecer de toda verosimilitud.

El psicoanálisis conduce a resultados menos sencillos y satisfactorios. No podemos sino repetir aquí cosas conocidas hace ya mucho tiempo, sin añadir nada nuevo. Cuando el *yo* ha conseguido defenderse contra un impulso instintivo peligroso, por medio quizá del proceso de la represión, ha inhibido y herido la parte correspondiente del *Ello*, pero al mismo tiempo le ha dado una cierta independencia y ha renunciado a una parte de su propia soberanía. No es esto sino una consecuencia de la naturaleza de la represión, que es, en el fondo, una tentativa de fuga. Lo reprimido queda excluido de la gran organización del *yo* y sólo sometido a las leyes que rigen en el dominio de lo inconsciente. Cuando la situación peligrosa varía de modo que el *yo* no tiene ya motivo para emprender una defensa contra un nuevo impulso instintivo análogo al reprimido, se hacen manifiestas las consecuencias de la restricción del *yo*. El nuevo curso del instinto se desarrolla bajo la influencia del automatismo —preferiríamos decir, de la repetición obsesiva— y sigue los mismos caminos que el anteriormente reprimido, como si la situación peligrosa dominada perdurase aún. El factor que provoca la fijación es, pues, en la represión, la obsesión de repetición del *Ello* inconsciente, la cual normalmente sólo es suprimida por la función libremente móvil del *yo*. El *yo* puede, desde luego, romper de nuevo las barreras de la represión, que él mismo ha levantado, reconquistar su influencia sobre el impulso instintivo y orientar en el sentido de la modificación de la situación peligrosa el nuevo curso del instinto. Pero el hecho es que fracasa muchas veces en esta labor, no consiguiendo deshacer sus represiones. El desenlace de esta lucha depende probablemente de relaciones cuantitativas. En algunos casos experimentamos la impresión de que un tal desenlace es obsesivo. La atracción regresiva del impulso reprimido y la intensidad de la represión son tan grandes que el nuevo impulso no puede por menos de seguir la obsesión de la repetición. En otros casos advertimos la intervención de un nuevo juego de fuerzas; la atracción del prototipo reprimido queda robustecida por las dificultades reales que se oponen a un curso distinto del nuevo impulso instintivo.

El hecho, modesto en sí, pero teóricamente inestimable, de la terapia analítica prueba concluyentemente ser este el proceso de la fijación a la represión y de la conservación de la situación peligrosa inactual. Al prestar al *yo* en un análisis la ayuda que le permite suprimir sus represiones, recobra su poder sobre el *Ello* reprimido y puede dejar transcurrir los impulsos instintivos como si las antiguas situaciones peligrosas no perdurasen ya. Lo que así alcanzamos se armoniza con el radio de acción general de nuestra función médica. Generalmente, nuestra terapia tiene que contentarse con aportar más rápida y seguramente y con menos trabajo el desenlace favorable que se hubiera producido espontáneamente en condiciones favorables.

Las reflexiones que anteceden nos muestran que son relaciones cuantitativas, no evidenciables directamente y sólo aprehensibles por inducción, las de las represiones del *yo* y la continuación de las neurosis infantiles. Entre los factores que participan en la causación de las neurosis y han creado las condiciones, bajo las cuales miden sus fuerzas las energías psíquicas, resaltan para nosotros especialmente tres: uno biológico, otro filogénico y otro puramente psicológico.

El biológico es la larga invalidez y dependencia de la criatura humana. La existencia intrauterina del hombre es más breve que la de los animales, siendo así echado al mundo menos acabado que éstos. Con ello queda intensificada la influencia del mundo exterior real, impulsada muy tempranamente la diferenciación del *yo* y el *Ello*, elevada la significación de los peligros del mundo exterior y enormemente incrementado al valor del objeto único que puede servir de protección contar tales peligros y sustituir la perdida vida intrauterina. Este factor biológico establece, pues, las primeras situaciones peligrosas y crea la necesidad de ser amado, que ya no abandonará jamás al hombre.

El segundo factor, el filogénico, ha sido sólo inducido por nosotros, habiéndonos obligado a aceptar un hecho singularísimo del desarrollo de la libido. Hallamos, en efecto, que la vida sexual del hombre no se desarrolla continuamente desde su principio hasta su madurez como la de los animales más próximos a él, sino que después de un primer florecimiento temprano, que llega hasta los cinco años, experimenta una enérgica interrupción, al cabo de la cual se inicia de nuevo en la pubertad, enlazándose a las ramificaciones infantiles. A nuestro juicio, debe de haber tenido efecto en los destinos de la especie humana algo muy importante que ha dejado tras de sí, como residuo histórico, esta interrupción del desarrollo sexual. La significación patógena de ese factor resulta de que la mayoría de las exigencias instintivas de esta sexualidad infantil son consideradas y rechazadas por el *yo* como peligros, de manera que los impulsos ulteriores de la sexualidad, que debían ser admisibles para el *yo*, corren peligro de sucumbir a la atracción de los prototipos infantiles y seguirlos en la represión. Tropezamos aquí con la etiología más directa de las neurosis y comprobamos el hecho singular de que el temprano contacto con las exigencias de la sexualidad sobre el *yo* actúa análogamente al contacto prematuro con el mundo exterior.

El tercer factor, psicológico, es una imperfección de nuestro aparato anímico, relacionada precisamente con su diferencia en un *yo* y un *Ello*, o sea, dependiente en último término también de la influencia del mundo exterior. En consideración a los peligros de la realidad es obligado el *yo* a defenderse contra ciertos impulsos instintivos, tratándolos como peligros. Pero el *yo* no puede protegerse contra peligros instintivos interiores de un modo tan eficaz como contra una parte de la realidad ajena a él. Íntimamente enlazado con el mismo *Ello*, no puede rechazar el peligro instintivo más que restringiendo su propia organización y aceptando la formación de síntomas como sustitución de su influencia sobre el instinto. Cuando entonces se renueva la presión del instinto rechazado, surgen para el *yo* todas aquellas dificultades que conocemos bajo el nombre de afecciones neuróticas.

Por ahora no llega a más nuestro conocimiento de la esencia y la causación de las neurosis.

XI
Apéndice

En el curso del presente estudio hemos tocado diversos temas que hubimos de abandonar prematuramente. Reuniéndolos ahora en este apéndice, nos proponemos consagrarles toda la atención que merecen.

A. Modificaciones de opiniones anteriormente expuestas

a) Resistencia y contracarga

Una importante afirmación de la teoría de la represión es la de que esta última no es un proceso que tenga efecto de una vez, sino que exige un esfuerzo duradero. Si este esfuerzo cesara, el instinto reprimido, al que sus fuentes envían constantes refuerzos, tomaría el camino del que en un principio fue apartado, y la represión perdería su eficacia o tendría que repetirse indefinidamente. Resulta así para el *yo*, por la naturaleza continua del instinto, la necesidad de asegurar su defensa por medio de un esfuerzo permanente. Esta actividad, encaminada a proteger la represión, es la que advertimos en calidad de *resistencia* en nuestra labor terapéutica. La resistencia supone aquello que calificamos de *contracarga*. En la neurosis obsesiva se hace tangible una tal contracarga, que aparece en ella como una modificación del *yo*, como una formación de reacciones en el *yo* por intensificación de la actitud opuesta al instinto que ha de ser reprimido (compasión, escrupulosidad, pureza). Estas reacciones de la neurosis obsesiva no son sino exageraciones de rasgos de carácter normales desarrollados durante el período de latencia. En la histeria es más difícil descubrir la contracarga, no obstante, es en ella tan indispensable como en la neurosis, según todas las deducciones teóricas. También en esta afección tiene efecto cierta modificación del *yo*, por formación de reacciones, modificación tan evidente en ciertas circunstancias que llega a imponerse a nuestra atención como síntoma principal del estado patológico. Así, el conflicto que la ambivalencia provoca en la histeria se soluciona siendo contenido el odio contra una persona por un exceso de ternura hacia ella y una continua preocupación por ella. Como diferencia con la neurosis obsesiva hemos de señalar que tales reacciones no muestran la naturaleza general de rasgos de carácter, sino que se limitan a relaciones muy especiales. Por ejemplo: la histérica, que trata con excesiva ternura a sus hijos, a los que en el fondo odia, no se hace por ello más cariñosa en general, ni siquiera para con otros niños. La formación de reacciones de la histeria se mantiene tenazmente fija a un objeto determinado y no alcanza la categoría de una disposición general del *yo*. En cambio, la neurosis obsesiva presenta como características la generalización, el relajamiento de las relaciones con el objeto y la facilidad de desplazamiento en la elección de objeto.

A la histeria parece ser más adecuada otra especie de contracarga. El impulso instintivo reprimido puede ser activado (nuevamente cargado) por dos lados. En primer lugar, desde el interior, por una intensificación del instinto, emanada de sus fuentes de estímulo internas, y en segundo, desde el exterior, por la percepción de un objeto deseado por el instinto.

La contracarga histérica se orienta predominantemente hacia el exterior, esto es, contra la percepción peligrosa, y toma la forma de una especial vigilancia, que evita, por medio de restricciones del *yo*, situaciones en las que dicha percepción habría de surgir, y logra, cuando la misma emerge a pesar de todo, distraer de ella la atención. Esta función de la histeria ha sido bautizada recientemente por autores franceses con el nombre especial de *scotomization*. En las fobias, cuyo máximo interés está en alejar cada vez más la posibilidad de la percepción temida, se hace aún más visible que en la histeria esta técnica de la contracarga. En la histeria y las fobias parece orientarse la contracarga en una dirección casi opuesta a la que muestra la neurosis obsesiva. No creemos, pues, muy arriesgado suponer que entre la represión y la contracarga exterior, como entre la regresión y la contracarga interior (la modificación del *yo* por formación de reacciones), existe una íntima conexión. La repulsa de la percepción peligrosa es, por lo demás, una labor general de las neurosis. A este mismo propósito obedecen sin duda otros diversos mandamientos y prohibiciones de la neurosis obsesiva.

En ocasiones anteriores hemos visto que la resistencia que hemos de vencer en el análisis es opuesta por el *yo*, el cual se mantiene fiel a sus contracargas. Para el *yo* resulta, en efecto, difícil dedicar su atención a percepciones y representaciones cuya evitación ha constituido para él un principio fundamental de conducta, o reconocer como suyos impulsos totalmente opuestos a los que le son familiares. Nuestra lucha contra la resistencia en el análisis se funda en una tal concepción de la misma. Hacemos consciente la resistencia en los muchos puntos en los que a causa de su conexión con lo reprimido es inconsciente; le oponemos argumentos lógicos al hacerse consciente o una vez llegado a serlo, y prometemos al *yo* ventajas y premios si renuncia a la resistencia. Así, pues, con respecto a la resistencia del *yo*, no cabe duda ni rectificación alguna. En cambio, hemos de preguntarnos si cubre por sí sola todo el estado de cosas que el análisis halla ante sí. Comprobamos, en efecto, que aun después de haberse decidido el *yo* a abandonar su resistencia, continúa tropezando con dificultades para deshacer sus represiones, y hemos dado a la fase siguiente a la adopción de tan laudable propósito el nombre de fase de "liberación". De aquí a reconocer la intervención de un factor dinámico, que hace posible y comprensible tal "liberación", no hay más que un paso. Hemos de pensar, en efecto, que después del abandono de la resistencia por parte del *yo*, quedan aún por vencer el poderío de la obsesión de repetición y la atracción de los prototipos inconscientes sobre el proceso instintivo reprimido. Nada se opone a atribuir a este factor el nombre de *resistencia de lo inconsciente*. No experimentamos desagrado alguno al exponer estas rectificaciones de juicios nuestros anteriores, pues lo que nos interesa, sobre todo, es aproximarnos lo más posible a la verdad, y, además, no contradecimos con ellas nuestras primeras afirmaciones, sino que las enriquecemos, bien restringiendo una generalización excesiva, bien ampliando una interpretación demasiado estrecha.

Sin embargo, no ha de creerse que con tales rectificaciones alcanzamos una visión total de todas las resistencias con que tropezamos en el análisis. Profundizando más hallamos, en efecto, que se nos oponen cinco clases de resistencias, procedentes de tres distintos orígenes, esto es, del *yo*, del *Ello* y del *super-yo*, revelándose el *yo* como fuente de tres de tales formas, distintas en su dinamismo. La primera de estas tres resistencias del *yo* es la *resistencia de la represión*, sobre la cual poco nuevo puede ya decirse. De ella se distingue la *resistencia de la transferencia*, de la misma naturaleza, pero que hace en el análisis apariciones distintas y más claras, pues ha conseguido constituir una relación con la situación analítica o con la persona del analítico y reanimar con ello una represión que sólo debía ya ser recordada. También es una resistencia del *yo*, pero de naturaleza completamente distinta, la que parte de la *ventaja de la enfermedad*, y se basa en la incorporación del síntoma al *yo*. Esta resistencia corresponde a la rebelión contra la renuncia a una satisfacción o un alivio. La cuarta clase de resistencia —la del *Ello*— ha sido a la que como hemos hecho responsable de la necesidad de la labor de liberación. La quinta —la del *super-yo*—, últimamente descubierta, es la más obscura, aunque no siempre la más débil, y parece provenir de la conciencia de culpabilidad o necesidad del castigo. Esta resistencia desafía todo esfuerzo y, por lo tanto, toda curación por medio del análisis.

b) Angustia por la transformación de la libido

La interpretación de la angustia que en este trabajo sostenemos se aparta algo de la que hasta ahora nos parecía exacta. Anteriormente considerábamos la angustia como una reacción general del *yo* bajo las condiciones del displacer, intentábamos justificar económicamente su aparición en cada caso, y suponíamos, apoyándonos en la investigación de las neurosis actuales, que la libido (la excitación sexual) rechazada por el *yo* o no utilizada por él encontraba una derivación directa en forma de angustia. No puede pasar ya inadvertido que estas diversas determinantes no armonizan bien o, por lo menos, no resultan necesariamente unas de otras. Además, surge así la apariencia de una relación especialmente íntima entre la angustia y la libido, relación que tampoco armoniza con el carácter general de la angustia como reacción al displacer.

Las objeciones a esta interpretación surgieron con la tendencia a hacer del *yo* la única sede de la angustia, siendo, por lo tanto, una de las consecuencias de la intentada estructuración del aparato anímico en "un *yo* y un *Ello*". Dicha primera interpretación se hallaba próxima a considerar el impulso instintivo reprimido como fuente de la angustia. Según nuestra nueva teoría, sería más bien el *yo* dicha fuente. Trátase, pues, de decidir entre angustia del *yo* o angustia del instinto (del *Ello*). Como el *yo* opera con energía desexualizada, la innovación debilita también la íntima conexión, antes afirmada, de la angustia con la libido. Esperamos haber conseguido ahora, por lo menos, plantear con claridad el dilema y delinear precisamente los contornos de la cuestión.

La observación rankiana de la que la angustia es, como al principio afirmábamos también nosotros, una consecuencia del proceso del nacimiento y una repetición de la situación entonces vivida, me llevó a un nuevo examen del problema de la angustia. Pero con la interpretación del nacimiento como trauma, del estado de angustia como reacción derivativa al mismo, y de cada nuevo ataque de angustia como tentativa de "derivar por reacción" el trauma cada vez más completamente, me fue imposible avanzar un solo paso. Se me planteó así la necesidad de retroceder desde la reacción de angustia a la *situación peligrosa* existente detrás de ella. Con la introducción de este nuevo factor, surgieron nuevos puntos de vista. El nacimiento se convirtió en prototipo de todas las situaciones peligrosas ulteriores, emergentes bajo las nuevas condiciones de una distinta forma de existencia y del desarrollo psíquico progresivo. En cambio, su propia significación quedó restringida a esta relación prototípica con el peligro, y la angustia experimentada en él llegó así a ser el prototipo de un estado afectivo, que había de compartir los destinos de los otros afectos. Tal angustia se reproducirá automáticamente en situaciones análogas a la de su origen, como reacción inadecuada, después de haber sido adecuada en la primera situación peligrosa. O bien el *yo* adquirirá poder sobre este afecto y lo reproducirá, sirviéndose de él como aviso ante el peligro y como medio de provocar la intervención del mecanismo de placer-displacer. La significación biológica del afecto de angustia queda ahora reconocida al identificar la angustia como reacción general al peligro, y el papel del *yo*, como sede de la angustia, queda confirmado al atribuir a éste la función de reproducir el efecto de angustia según sus necesidades. De este modo, adscribimos a la angustia en la vida ulterior dos distintas génesis: una involuntaria, automática, justificada siempre económicamente al constituirse una situación peligrosa análoga al nacimiento, y otra, provocada por el *yo* cuando una tal situación amenaza, para conseguir eludirla. En este segundo caso se somete el *yo* a la angustia como a una vacuna, para escapar por medio de una enfermedad mitigada a un intenso ataque de la misma. Obra como si se representase vivamente la situación peligrosa y abrigarse el firme propósito de limitar tal penosa experiencia a un indicio, a una mera señal. Ya hemos expuesto en detalle cómo se desarrollan así, sucesivamente, las distintas situaciones peligrosas, permaneciendo, sin embargo, enlazadas genéticamente unas con otras. Quizá atacando el problema de la relación entre la angustia neurótica y la angustia real consigamos penetrar aún más en la comprensión de la angustia.

La transformación directa, anteriormente afirmada, de la libido en angustia pierde ahora para nosotros gran parte de importancia. Mas si, no obstante, la tenemos en cuenta, habremos de distinguir varios casos. No tiene cabida alguna en la angustia que el *yo* provoca como señal, y, por lo tanto, tampoco en las situaciones peligrosas que mueven al *yo* a iniciar una represión. La carga libidinosa del impulso instintivo reprimido recibe un empleo muy distinto de la transformación en angustia y derivación como tal. Este fenómeno se hace visible en la histeria de conversión con mayor claridad que en otra afección ninguna. En cambio, al continuar examinando la situación peligrosa, tropezaremos con un caso de desarrollo de angustia de interpretación muy diferente.

c) Represión y defensa

Al tratar del problema de la angustia hemos vuelto a adoptar un concepto —o, expresándonos más modestamente, un término— del que hubimos de servirnos exclusivamente hace treinta años, al principio de nuestros estudios, y que después abandonamos. Este término es el de *proceso de defensa*[9]. Al abandonarlo, lo sustituimos por el de represión, pero sin determinar la relación existente entre ambos. Creemos ha de sernos ahora muy ventajoso adoptar de nuevo nuestro dicho antiguo concepto de la defensa, empleándose como designación general de todas las técnicas de que el *yo* se sirve en conflictos eventualmente conducentes a la neurosis, y reservando el nombre de *represión* para uno solo de estos métodos de defensa que la orientación de nuestras investigaciones nos dio primero a conocer.

Aunque se trata de una innovación meramente terminológica, queremos justificarla, puesto que el término innovado ha de ser expresión de un nuevo punto de vista o de una ampliación de nuestros conocimientos. La nueva acogida del concepto de la defensa y la restricción del de la represión corresponden únicamente a un hecho que nos es conocido hace ya mucho tiempo, pero que, merced a nuevos descubrimientos, ha adquirido considerable importancia. Nuestros primeros conocimientos de la represión y de la formación de síntomas surgieron del estudio de la histeria, en la que vimos que los contenidos de las percepciones de sucesos excitantes y los correspondientes a representaciones de productos mentales patógenos eran olvidados y excluidos de la reproducción en la memoria, llegando así a reconocer su exclusión de la conciencia como uno de los caracteres principales de la represión histérica. Más tarde estudiamos la neurosis obsesiva y hallamos que en esta afección no son olvidados los sucesos patógenos, los cuales permanecen conscientes, siendo, en cambio, "aislados" en una forma aún incógnita, con lo cual se

[9] Véase el estudio titulado *La neuropsicosis de defensa*, incluido en el presente tomo.

logra un resultado casi idéntico al de la amnesia histérica. Sin embargo, muestran tales dos procesos diferencias bastantes para justificar nuestra opinión de que aquel por medio del cual rechaza la neurosis obsesiva una exigencia instintiva no puede ser el mismo que se desarrolla en la histeria. Investigaciones ulteriores nos han revelado que en la neurosis obsesiva tiene efecto, bajo la influencia de la rebeldía del *yo*, una regresión de los impulsos instintivos a una fase más temprana de la libido, regresión que, si bien no hace superflua la represión, actúa en un idéntico sentido. Hemos visto, además, que la contracarga, cuya existencia suponemos también en la histeria, desempeña en la neurosis obsesiva, y a los efectos de la protección del *yo*, un importantísimo papel, como modificación reactiva del *yo*, y hemos descubierto el proceso del "aislamiento", el cual se crea una expresión sintomática directa, y cuya técnica nos es aún desconocida. Por último, se nos ha revelado el procedimiento de "borrar lo sucedido", de marcado carácter mágico, cuya tendencia repelente es innegable, pero que carece de toda analogía con el proceso de la *represión*. Estas experiencias son razón más que suficiente para acoger de nuevo nuestro antiguo concepto de la *defensa*, que puede abarcar todos estos procesos tendientes a un mismo fin —a la protección del *yo* contra las exigencias de los instintos—, y subordinar a él la represión como un caso especial. Esta nueva nomenclatura gana en importancia al pensar en la posibilidad de que una continuación de nuestros estudios nos revele una íntima conexión entre ciertas formas de la defensa y determinadas afecciones, por ejemplo, entre la represión y la histeria. Esta posibilidad no agota nuestras esperanzas. Puede también suceder, en efecto, que el aparato anímico emplee, antes de la precisa disociación del *yo* y el *Ello* y de la formación de un *super-yo*, métodos de defensa distintos de los que pone en práctica una vez alcanzadas estas fases de su organización.

B. Complemento al tema de la angustia

La angustia presenta algunos rasgos cuya investigación promete nuevos esclarecimientos. Tiene este afecto una innegable relación con la *espera*. Es angustia *ante* algo. Le es inherente un carácter de *imprecisión* y *carencia de objeto*. Los mismos usos del lenguaje lo reconocen así al cambiar su nombre por el de *miedo* en cuanto el afecto se refiere ya a un objeto determinado. Además de su relación con el peligro, tiene la angustia una relación, en cuyo esclarecimiento laboramos hace tiempo, con la neurosis. Surge aquí la cuestión de por qué no todas las reacciones de angustia son neuróticas, siendo muchas las que hemos de reconocer como normales. Por último, la distinción entre miedo real y miedo neurótico demanda un minucioso estudio.

Partamos de este último tema. Nuestro progreso ha consistido en pasar desde la reacción de angustia a la situación peligrosa. Siguiendo este mismo camino en el problema del miedo real, se nos hace fácil una solución. Peligro real es un peligro conocido, y angustia real, la angustia ante tal peligro conocido. La angustia neurótica es angustia ante un peligro que no conocemos. Así, pues, el peligro neurótico tiene primero que ser descubierto. El análisis nos ha demostrado que se trata de un peligro emanado de un instinto. Atrayendo a la conciencia este peligro desconocido por el *yo*, borramos la diferencia entre angustia real y angustia neurótica y podemos tratar esta como aquella.

En el peligro real desarrollamos dos reacciones: la afectiva, o sea, la explosión de angustia, y la acción protectora. Probablemente en el peligro instintivo ha de suceder lo mismo. Conocemos el caso de acción conjunta adecuada de ambas reacciones, en el cual da una señal para que la otra intervenga, y también el caso inadecuado, el de la angustia paralizadora, en el que una de dichas reacciones se intensifica a costa de la otra.

Hay casos en los que se nos muestran mezclados los caracteres de la angustia real y los de la angustia neurótica. El peligro es conocido y real, pero la angustia ante él es excesivamente grande, mayor de lo que nuestro juicio nos dice que debiera ser. En este exceso se delata el elemento neurótico. Pero tales casos no revelan nada fundamentalmente nuevo, pues el análisis nos muestra que al peligro real conocido se halla enlazado un peligro instintivo desconocido.

Avanzaremos aún más, no satisfaciéndonos con la referencia de la angustia al peligro. ¿Cuál es el nódulo o la significación de la situación peligrosa? Evidentemente la estimación de nuestra fortaleza en comparación con la magnitud del peligro y el reconocimiento de nuestra impotencia, de nuestra impotencia material en el caso del peligro real y de nuestra impotencia psíquica en el caso del peligro instintivo. En esta estimación es guiado nuestro juicio por experiencias realmente vividas, y para el resultado es indiferente que se equivoque o no en su apreciación. Tales situaciones de impotencia realmente experimentadas son las que califican de *traumáticas*, siendo, por lo tanto, justificada la diferenciación por nosotros establecida entre la situación traumática y la situación *peligrosa*.

El hecho de que una tal situación traumática de impotencia no nos sorprenda de improviso, sino que la prevengamos y esperemos, constituye un importante progreso en el cuidado de la propia conservación. Esta previsión nace en aquella situación a la que damos el nombre de situación *peligrosa*, en la cual es dada la señal de angustia. Quiere esto decir que en tal situación esperamos que se produzca una situación de impotencia o recordamos sucesos traumáticos anteriormente experimentados, y anticipando el trauma, nos proponemos conducirnos como si ya hubiera surgido, no obstante, ser tiempo aún de aludirlo. Así, pues, la angustia es, por un lado, una espera del trauma, y por otro, su reproducción mitigada. Los dos caracteres que en la angustia se nos han hecho patentes tienen, por lo tanto, distinto origen. Su relación con la espera pertenece a la situación peligrosa, y su imprecisión y su falta de objeto, a la situación traumática de impotencia anticipada en la situación peligrosa.

Siguiendo el desarrollo de la serie: angustia—peligro—impotencia (trauma), podemos establecer la síntesis siguiente: la situación peligrosa es la situación de impotencia, reconocida, recordada y esperada. La angustia es la reacción primitiva a la impotencia en el trauma, reacción que es luego reproducida, como señal de socorro, en la situación peligrosa. El *yo*, que ha experimentado pasivamente el trauma, repite ahora activamente una reproducción mitigada del mismo, con la esperanza de poder dirigir su curso. No es otra la forma en que el niño se comporta con respecto a todas sus impresiones penosas, las que reproduce en sus juegos, buscando de este modo pasar de la pasividad a la actividad, dominando psíquicamente sus impresiones. Si es este el sentido que ha de darse a la "derivación por reacción de un trauma", nada habremos ya de objetar a tal expresión. Pero, de todos modos, lo decisivo es el primer desplazamiento de la reacción angustiosa, desde su origen en la situación de impotencia a la de espera de una tal situación, o sea, a la situación peligrosa. Luego siguen los demás desplazamientos desde el peligro a la condición del mismo, la pérdida del objeto, y sus modificaciones ya mencionadas.

El "mimo" del niño pequeño tiene la indeseable consecuencia de hacerle poner por encima de todos los demás peligros el de la pérdida del objeto, del objeto como protección contra todas las situaciones de impotencia. Favorece, por lo tanto, la permanencia en la infancia, a la cual es propia la impotencia, tanto motora como psíquica.

No hemos tenido hasta ahora ocasión de considerar la angustia real de un modo distinto a la angustia neurótica. Conocemos sus diferencias: la angustia real corresponde a un objeto exterior;

la neurótica, a la exigencia de un instinto. En cuanto tal exigencia instintiva es algo real, puede también adscribirse a la angustia neurótica un fundamento real. Hemos descubierto que la apariencia de una relación especialmente íntima entre la angustia y la neurosis depende de que el *yo* se defienda igualmente por medio de la reacción angustiosa contra el peligro instintivo y contra el peligro real exterior, y que esta orientación de la actividad defensiva desemboca en la neurosis a consecuencia de una imperfección del aparato anímico. Por último, se nos ha impuesto la convicción de que la exigencia instintiva no se convierte, con frecuencia, en un peligro (interior), sino porque su satisfacción traería consigo un peligro exterior, o sea, porque tal peligro interior representa un peligro exterior.

Por otro lado, también el peligro exterior (real) ha de haberse hecho interno, si ha de llegar a significar algo para el *yo*. Tiene, en efecto, que ser reconocida su relación con una situación de impotencia ya experimentada[10], pues el hombre no parece hallarse dotado, o sólo en muy escasa medida, de un conocimiento instintivo de los peligros que le amenazan desde el exterior. Los niños pequeños hacen constantemente cosas que ponen en peligro su vida, no pudiendo, por lo tanto, prescindir de un objeto protector. En la situación traumática, contra la cual estamos impotentes, coinciden el peligro exterior y el interior, el peligro real y la exigencia del instinto. El *yo* experimenta en el primer caso un dolor que se resiste a cesar,

---

[10] Puede suceder también, con cierta frecuencia que, en una situación peligrosa, justamente apreciada como tal, venga a agregarse a la angustia real una parte de angustia instintiva. La exigencia instintiva cuya satisfacción rechaza el *yo* sería entonces el instinto masoquista de destrucción, dirigido contra la propia persona. Este agregado de angustia instintiva explica quizá aquellos casos en los que la reacción angustiosa resulta excesiva, inadecuada y paralizadora. Las fobias a las alturas (ventanas, torres, abismos) podrían tener este origen. Su secreta significación femenina se halla cercana al masoquismo.

y en el segundo, un estancamiento de la necesidad instintiva, que no puede hallar satisfacción, pero la situación económica es en ambos la misma, y la impotencia motora halla su expresión en la impotencia psíquica.

Las enigmáticas fobias de la temprana infancia merecen ser de nuevo mencionadas en este lugar. Algunas de ellas —las fobias a la soledad, a la obscuridad y a las personas extrañas— se nos hicieron comprensibles como reacciones al peligro de la pérdida del objeto. Otras —las fobias a los animales pequeños, a las tormentas, etc.— se nos muestran, más bien, como restos atrofiados de una preparación congénita a los peligros reales, tan claramente desarrollados en otros animales. Con respecto al hombre, sólo es adecuada la parte de esta herencia arcaica que se refiere a la pérdida del objeto. Cuando tales fobias infantiles se fijan y se hacen más intensas, subsistiendo hasta años ulteriores, muestra el análisis que su contenido se ha unido a exigencias instintivas, constituyéndose también en representación de peligros interiores.

C. Angustia, dolor y tristeza

Nuestro conocimiento de los procesos afectivos es tan escaso que las tímidas observaciones a continuación expuestas no deberían ser sometidas a un juicio muy severo. El problema surge para nosotros en el punto siguiente. Hubimos de decir que la angustia es una reacción al peligro de la pérdida del objeto. Pero conocemos también otra reacción de este género a dicha pérdida: la tristeza. ¿Cuándo, pues, surge angustia y cuándo tristeza? Al ocuparnos en otra ocasión[11] de la tristeza, no logramos llegar a la inteligencia de su carácter especialmente doloroso. No obstante,

[11] Véase el estudio titulado *La aflicción y la melancolía.*

explicarnos perfectamente que la separación del objeto resulte dolorosa. Así, pues, el problema antes planteado se complica en los términos siguientes: ¿cuándo la separación del objeto produce angustia, cuándo tristeza y cuándo, quizá, sólo dolor?

Digámoslo cuanto antes. No es posible aún dar respuesta alguna a estas interrogantes. Nos contentaremos, pues, con precisar algunos contornos del problema y hallar alguna nueva orientación.

Elegiremos otra vez, como punto de partida, la situación, a cuya inteligencia creemos haber llegado, del niño de pecho que encuentra a una persona extraña en el lugar de su madre. El niño muestra entonces angustia, la cual hemos interpretado como una reacción al peligro de la pérdida del objeto. Pero se trata, quizá, de algo más complicado y que merece una más penetrante discusión. Que el niño de pecho experimente angustia es un hecho indudable, pero, además, la expresión de su rostro en tales momentos, y su llanto, hacen suponer que también experimenta dolor. Parece como si fluyera conjuntamente en él, elemento que más tarde habrán de separarse. No puede diferenciar aún la ausencia temporal de la pérdida definitiva. Cuando no ve junto a sí la figura materna, se conduce como si ya no hubiera de volver a verla, y precisa de repetidas experiencias consoladoras para llegar a aprender que tales desapariciones de la madre son seguidas de su nueva aparición. La madre le ayuda a madurar este conocimiento, tan importante para él, jugando a taparse ante él el rostro y destapárselo luego para su gran regocijo. En estas ocasiones experimenta el niño un "anhelo" (*Sehnsucht*) de la madre, no acompañado de desesperación.

La situación en la cual el niño de pecho echa de menos a su madre no es para él, a causa de su error de interpretación, una situación peligrosa, sino una situación traumática, o más exactamente, una situación que se hace traumática si el niño experimenta en tal momento una necesidad que la madre habría de satisfacer. Así, pues, la primera condición de la angustia, introducida por el mismo *yo*, es la pérdida de la percepción, la cual es equiparada a la pérdida del objeto. La pérdida del cariño no entra todavía en cuenta. Más tarde la experiencia enseña al niño que el objeto puede permanecer existente, pero hallarse enfadado con él, siendo entonces cuando la pérdida del cariño del objeto pasa a constituirse en una condición, ya permanente, de peligro y angustia.

La situación traumática de la ausencia de la madre difiere en un punto decisivo de la situación traumática del nacimiento. En esta última no existía objeto ninguno que pudiera ser echado de menos. La angustia era la única reacción emergente. Repetidas situaciones de satisfacción crean luego el objeto materno, que al emerger la necesidad recibe una intensa carga, a la cual hemos de calificar de carga de "anhelo". El niño "anhela" la presencia de la madre, que ha de satisfacer sus necesidades. De esta nueva carga es de la que depende la reacción del dolor. El dolor es, pues, la verdadera reacción a la pérdida del objeto, y la angustia, la verdadera reacción al peligro que tal pérdida trae consigo, y dado un mayor desplazamiento, al peligro mismo de la pérdida del objeto.

Tampoco del dolor sabemos mucho. El único dato seguro nos es dado por el hecho de que el dolor surge —primera y regularmente— cuando un estímulo que ataca la periferia traspase los dispositivos de la protección contra los estímulos y pasa a actuar como un estímulo instintivo continuo, contra el cual son impotentes los actos musculares que sustraen al estímulo el lugar sobre el que el mismo recae, actos eficaces en toda otra ocasión. El que el dolor no parta de un punto de la epidermis, sino de un órgano interno, no cambia en nada la situación, pues se trata únicamente de la sustitución de un punto de la periferia exterior por otro de la interior. El niño tiene, desde luego, ocasión de enfrentar tales experiencias dolorosas, que son independientes de sus experiencias de necesidad. Pero esta condición de la génesis del dolor parece tener muy poca analogía con una pérdida del objeto. Además, el estímulo periférico factor esencial del dolor, falta por completo en la situación de anhelo del niño. Y, sin embargo, el hecho de que el lenguaje haya creado el concepto del dolor interior, del dolor anímico, y equiparado al dolor físico las sensaciones de la pérdida del objeto, ha de tener su justificación.

En el dolor físico nace una elevada carga, narcisista, del lugar doloroso del cuerpo, carga que aumenta cada vez más y "vacía", por decirlo así, al *yo*. Sabido es que cuando padecemos intensos dolores en los órganos internos surgen en nosotros representaciones de tales partes del cuerpo, inexistentes en nuestro representar consiente. También el hecho singular de que los dolores físicos no alcanza jamás su máxima intensidad cuando nuestra atención psíquica se halla acaparada por otros intereses (sin que pueda decirse que tales dolores permanecen inconscientes), halla su explicación en el hecho de la centración de la carga en la representación psíquica del lugar doloroso. En este punto parece insertarse la analogía que ha permitido la transferencia de la sensación dolorosa al terreno anímico. La intensa carga de anhelo del objeto echado de menos (perdido), carga que no pudiendo ser satisfecha crece de continuo, crea las mismas condiciones económicas que la carga de dolor del lugar del cuerpo herida y hace preciso prescindir de la condicionalidad periférica del dolor físico. La transición desde el dolor físico al dolor psíquico corresponde al paso desde la carga narcisista a la del objeto. La representación del objeto elevadamente cargada por la necesidad desempeña el papel del lugar del cuerpo intensamente cargado por el incremento del estímulo. La continuidad del proceso de carga y la imposibilidad de detenerlos dan origen al mismo estado de impotencia psíquica. Si la sensación displaciente que entonces surge presenta el carácter específico del dolor, en lugar de exteriorizarse en la forma reactiva de la angustia, no será muy arriesgado atribuirlo a un factor que antes no estimamos suficientemente, esto es, a la extraordinaria intensidad de la carga y de la unión al objeto en estos procesos que conducen a la sensación displaciente.

Conocemos aún otra reacción afectiva a la pérdida del objeto: la aflicción. Pero su explicación no nos opone ya dificultad ninguna. La aflicción surge bajo la influencia del examen de la realidad, que impone la separación del objeto, puesto que el mismo no existe ya. Se plantea así a este afecto la tarea de llevar a cabo tal separación en todas aquellas situaciones en las que el objeto lo era de una elevada carga. El carácter doloroso de esta separación se adapta a la explicación que acabamos de dar por la elevada carga de anhelo, imposible de satisfacer, y concentrada en el objeto, durante la reproducción de las situaciones en las cuales ha de efectuarse la separación de él.

II

LA NEUROPSICOSIS DE DEFENSA Y OTROS ENSAYOS

Los trabajos que siguen pertenecen a la serie de ensayos reunida por Freud en la edición alemana de sus *Obras Completas*, bajo el epígrafe común de *Primeras aportaciones a la teoría de las neurosis*, y aparecieron, primeramente, aislados, en periódicos y revistas médicas en los años de 1892 a 1899, siendo después recogidos con otros varios en el volumen titulado *Colección de aportaciones a la teoría de las neurosis* (1892-1906).

Por nuestra parte, ciñéndonos a la pauta que nos traza la referida edición alemana de las *Obras Completas* del ilustre profesor, iniciamos en el volumen anterior y continuamos en este la publicación de la serie, antes mencionada, de *Primeras aportaciones a la teoría de las neurosis* (1892-1899).

La neuropsicosis de defensa

Ensayo de una teoría psicológica de la histeria adquirida,
de muchas fobias y representaciones obsesivas
y de ciertas psicosis alucinatorias.

El detenido estudio de varios enfermos nerviosos, aquejados de fobias y representaciones obsesivas, nos sugirió un intento de explicación de esos síntomas, que ulteriormente nos ha permitido descubrir el origen de tales representaciones patológicas en otros nuevos casos, razón por la cual lo creemos digno de publicación y examen. Simultáneamente a esta *teoría psicológica de las fobias y las representaciones obsesivas*, resultó de nuestra observación de los enfermos una aportación a la teoría de la histeria, o más bien una modificación de tal teoría, modificación que responde a un importante carácter común a la histeria y a la neurosis mencionada. Hemos tenido, además, ocasión de penetrar en el mecanismo psicológico de una forma patológica de innegable carácter psíquico, y al hacerlo hallamos que la orientación de nuestro nuevo punto de vista permitía establecer un visible enlace entre tales psicosis y las dos neurosis a que nos venimos refiriendo. Al final del presente ensayo expondremos la hipótesis auxiliar de la que en los tres casos indicados nos hemos servido.

I

Comenzaremos por presentar la modificación que nos parece indispensable introducir en la teoría de la neurosis histérica.

Desde los excelentes trabajos de P. Janet, J. Breuer y otros, parece indiscutible que el complejo sintomático de la histeria justifica la hipótesis de una disociación de la conciencia, con formación de grupos psíquicos separados. En cambio, por lo que respecta a las opiniones sobre el origen de esta disociación de la conciencia y sobre el papel que este carácter desempeña en la neurosis histérica, no reina tanta claridad.

Según la teoría de Janet[12], la disociación de la conciencia es un rasgo primario de la modificación histérica y depende de una debilidad congénita de la capacidad de síntesis psíquica, o sea, de una angostura del "campo de conciencia", que testimonia, en calidad de estigma psíquico, de la degeneración de los individuos histéricos.

A la teoría de Janet, contra la cual pueden elevarse, a nuestro juicio, numerosas objeciones, se opone la desarrollada por J. Breuer en nuestra comunicación sobre la histeria[13]. Según Breuer, es "base y condición" de la histeria la existencia de singulares estados de conciencia oniriformes, con disminución de la facultad asociativa, para los cuales propone el nombre de *estados hipnoides*. La disociación de la conciencia es entonces una disociación secundaria adquirida, motivada por el hecho

---

[12] *Etat mental des hystériques*, París, 1893 y 1894. "Quelques définitions récentes de l'hysterie", en *Arch. de Neurol*, 1893, XXXV-VI.

[13] Véase, en el tomo X de estas *Obras Completas*, el estudio titulado *El mecanismo psíquico de los fenómenos histéricos*.

de que las representaciones surgidas en los estados hipnoides se hallan excluidas del comercio asociativo con los restantes contenidos de la conciencia.

Como prueba de nuestras anteriores afirmaciones, podemos presentar ahora dos otras formas extremas de la histeria, en las cuales no puede considerarse primaria, en el sentido de Janet, la disociación de la conciencia. En la primera de dichas formas nos ha sido posible demostrar repetidas veces que la disociación del contenido de la conciencia es consecuencia de una volición del enfermo, siendo iniciada por un esfuerzo de la voluntad, cuyo motivo puede ser determinado. Naturalmente, no afirmamos con esto que el enfermo se proponga provocar una disociación de la conciencia. La intención del enfermo es muy otra y no llega a cumplirse, acarreando, en cambio, una disociación de la conciencia.

En una tercera forma de la histeria, que se no ha descubierto en el análisis psíquico de enfermos inteligentes, desempeña la disociación de la conciencia un papel insignificante o quizá nulo. Son estos los casos en los que sólo perdura la reacción a estímulos traumáticos y que pueden ser curados por derivación del trauma, o sea, las puras *histerias de retención*.

A los fines de nuestro estudio de las fobias y las representaciones obsesivas sólo nos interesa la segunda forma de la histeria, a la cual damos, por motivos fácilmente visibles, el nombre de histeria de *defensa*, distinguiéndola así de las histerias hipnoides y de las de retención.

Igualmente, podríamos presentar, por lo pronto, estos casos de histeria como "adquiridos", pues en ellos no podrá hablarse para nada de una grave tara hereditaria ni de una propia disminución degenerativa.

Los dos pacientes por mí analizados habían gozado, en efecto, de salud psíquica hasta el momento en que surgió en su vida de representación un caso de incompatibilidad, esto es, hasta que llegó a su *yo* una experiencia, una representación o una sensación, que al despertar un afecto penosísimo movieron al sujeto a decidir olvidarlos, no juzgándose con fuerzas suficientes para resolver por medio de una labor mental la contradicción entre su *yo* y la representación intolerable.

Tales representaciones intolerables florecen casi siempre, tratándose de sujetos femeninos, en el terreno de la experiencia o la sensibilidad sexuales, y las enfermas recuerdan con toda la precisión deseable sus esfuerzos para rechazarlas y su propósito de dominarlas y no pensar en ellas. Nuestra actividad clínica nos ha dado a conocer multitud de casos de este género, entre los que citaremos el de una muchacha, que hallándose asistiendo a su padre enfermo, se reprochaba duramente pensar en un joven que le había hecho experimentar una ligera impresión erótica, y el de una institutriz, enamorada del señor de la casa, que decidió ahogar su amorosa inclinación por un sentimiento de orgullo.

No puedo afirmar que un tal esfuerzo de la voluntad por expulsar del pensamiento algo determinado sea un acto patológico, ni tampoco que aquellas personas que bajo iguales influencias psíquicas permanecen sanas consigan realmente el deseado olvido. Sólo sé que en los pacientes por mí analizados no había sido nunca alcanzado, llevándolos, en cambio, a diversas reacciones patológicas, que produjeron, bien una histeria, bien una representación obsesiva o una psicosis alucinatoria. En la capacidad de provocar con el indicado esfuerzo de la voluntad uno de dichos estados, enlazados todos con una disociación de la conciencia, hemos de ver la expresión de una disposición patológica, que, sin embargo, no ha de identificarse necesariamente con una "degeneración" personal o hereditaria.

Sobre el camino que conduce desde el esfuerzo de voluntad del paciente hasta la emergencia del síntoma histérico me he formado una opinión, que en el lenguaje abstracto psicológico usual puede formularse aproximadamente como sigue: la labor que el *yo* se plantea de considerar como *non arrivée* la representación intolerable es directamente insoluble para él; ni la huella mnémica ni el afecto a ella inherente pueden ser hechos desaparecer una vez surgidos. Pero hay algo que puede considerarse equivalente a la solución deseada, y es lograr *debilitar* la representación de que se trate, despojándola del afecto a ella inherente, esto es, de la magnitud de estímulo que consigo trae. La representación así debilitada no aspirará ya a la asociación. *Mas la magnitud de estímulo de ella separada habrá de encontrar un distinto empleo.*

Hasta aquí muestran la histeria, las fobias y las representaciones obsesivas iguales procesos. No así en adelante. En la histeria, la representación intolerable queda hecha inofensiva por la *transformación de su magnitud de estímulo en excitaciones somáticas*, proceso para el cual proponemos el nombre de *conversión.*

La conversión puede ser total o parcial, y sucede a aquella inervación motora o sensorial más o menos íntimamente enlazada con el suceso traumático. El *yo* consigue con ello verse libre de contradicción; pero, en cambio, carga con un símbolo mnémico que en calidad de inervación motora insoluble o de sensación alucinatoria de continuo retorno habita como un parásito en la conciencia y perdura hasta que tiene lugar una conversión opuesta. La huella mnémica no desaparece por ello, sino que forma a partir de aquí el nódulo de un segundo grupo psíquico.

En pocas palabras expondré nuestra anunciada opinión de los procesos psicofísicos en la histeria: constituido un tal nódulo de una disociación histérica, en un "momento traumático", crece luego en otros momentos, a los que podemos llamar "momentos traumáticos auxiliares", en cuanto una nueva impresión de igual género consigue traspasar las barreras alzadas por la voluntad, aportar nuevo afecto a la representación debilitada e imponer por algún tiempo el enlace asociativo de ambos grupos psíquicos hasta que una nueva conversión restablece la defensa. La distribución del estímulo que así se establece en la histeria resulta casi siempre harto inestable. La excitación, impulsada por un falso camino (por el de la inervación somática), retrocede entre tanto hasta la representación, de la que fue separada, y fuerza entonces al sujeto a su elaboración asociativa o a su descarga en ataques histéricos, como lo prueba la conocida antítesis, formada por los ataques y los síntomas permanentes. El efecto del método catártico de Breuer consiste en crear un tal retroceso de la excitación desde lo físico a lo psíquico y conseguir luego solucionar la contradicción por medio del trabajo mental del sujeto y descargar la excitación por medio de la comunicación oral.

Si la disociación de la conciencia en la histeria adquirida reposa sobre un acto de la voluntad, se explica ya fácilmente el hecho singular de que la hipnosis amplíe siempre la restringida conciencia de los histéricos y haga accesible el grupo psíquico disociado. Sabemos, en efecto, que todos los estados análogos al sueño suprimen aquella distribución de la energía, sobre la que reposa la "voluntad" de la personalidad consciente.

Consideramos, pues, como el factor característico de la histeria no la disociación de la conciencia, sino la *facultad de conversión*, y vemos una parte muy importante de la disposición a la histeria, por lo demás aún desconocida, en la transferencia a la inervación somática, de tan grandes magnitudes de inervación.

Esta propiedad no excluye por sí sola la salud psíquica, y no conduce a la histeria más que en el caso de una incompatibilidad psíquica o de un almacenamiento de la excitación. Con esta orientación nos acercamos Breuer y yo a las conocidas definiciones dadas por Oppenheim[14] y Struempell[15], separándonos, en cambio, de Janet, que atribuye un papel demasiado amplio, en la característica de la histeria, a la disociación de la conciencia. Con la exposición que antecede esperamos, por nuestra parte, haber hecho comprensible el enlace de la conversión con la disociación histérica de la conciencia.

---

[14] Oppenheim: La histeria es una manifestación intensificada de la emoción. La "manifestación de la emoción" representa aquel montante de excitación psíquica que experimenta normalmente una conversión.

[15] En el segundo capítulo de su excelente estudio *Quelques définitions*, etc., se ha ocupado también Janet de la objeción que a sus asertos supone el que la disociación de la conciencia sea propia, igualmente, de la psicosis o de la psicastenia; pero, a nuestro juicio, no ha conseguido resolverla. Esta objeción es la que lleva, principalmente, a declarar que la histeria es una forma de la degeneración. Pero no consigue diferenciar por alguna característica especial la disociación histérica de la conciencia de la disociación psicótica, etc.

II

Cuando en una persona de disposición nerviosa no existe la aptitud a la conversión, y es, no obstante, emprendida para rechazar una representación intolerable la separación de la misma de su afecto concomitante, *este afecto tiene que permanecer existiendo en lo psíquico*. La representación así debilitada queda apartada de toda asociación en la conciencia, *pero su afecto, devenido libre, se adhiere a otras representaciones no intolerables en sí, a las que este «falso enlace» convierte en representaciones obsesivas*. Esta es, en pocas palabras, la teoría psicológica de las representaciones obsesivas y las fobias, a la que aludimos al iniciar el presente estudio.

Indicaremos ahora cuáles de los eslabones de esta teoría son directamente comprobables y cuáles otros han sido añadidos por nosotros a modo de complemento. Directamente comprobable es, en primer lugar, además del término del proceso, o sea, la representación obsesiva, la fuente de la que nace el afecto falsamente enlazado. En todos los casos por mi analizados era la *vida sexual* la que había suministrado un afecto penoso de exactamente la misma calidad que el enlazado a la representación obsesiva. Teóricamente no es imposible que este afecto nazca alguna vez en otros sectores, mas nuestra experiencia clínica no nos ha presentado hasta ahora caso ninguno de este género. Por otro lado, es comprensible que la vida sexual sea la que más ocasiones dé para la emergencia de representaciones intolerables.

Directamente comprobable es también, por las inequívocas manifestaciones de los enfermos, el esfuerzo de voluntad, la tentativa de defensa a la que nuestra teoría da singular importancia, y en toda una serie de casos afirman los enfermos mismos que la fobia o la representación obsesiva surgió cuando el esfuerzo de voluntad parecía haber alcanzado su intención. "Una vez me sucedió algo muy desagradable, y me propuse con todas mis fuerzas apartarlo de mi imaginación y no pensar en ello. Por fin lo conseguí, pero entonces surgió esto que ahora me pasa y de lo que no he conseguido librarme". Con estas palabras me confirmó una paciente los puntos principales de la teoría aquí desarrollada.

No todos los enfermos de representaciones obsesivas ven tan claramente el origen de las mismas. Por lo general, cuando llamamos la atención del enfermo sobre la representación primitiva, de naturaleza sexual, obtenemos la respuesta siguiente: "No, eso no tiene nada que ver con mi estado actual. Nunca pensé mucho en ello. Al principio sí me asustó un poco, pero luego dejó de preocuparme y no me ha vuelto a intranquilizar". Esta objeción tan frecuente integra una prueba de que la representación obsesiva constituye un sustitutivo o un subrogado de la representación sexual intolerable y la ha sustituido en la conciencia.

Entre el esfuerzo de voluntad del paciente, que consigue reprimir la representación sexual inaceptable, y la emergencia de la representación obsesiva, que, poco intensa en sí, aparece aquí provista de un afecto incomprensiblemente intenso, se abre la laguna que nuestra teoría intenta llenar. La separación de la representación sexual de su afecto y el enlace del mismo con otra representación adecuada, pero no intolerable, son procesos que se desarrollan sin que la conciencia tenga noticia de ellos, y que, por lo tanto, sólo podemos suponer, sin que nos sea dable demostrarlos por medio de un análisis clínico-psicológico. Quizá fuera más exacto decir que no se trata de procesos de naturaleza psíquica, sino de procesos físicos, cuya consecuencia psíquica se manifiesta como si lo expresado con los términos de "separación de la representación de su afecto y falso enlace de este último" hubiera sucedido realmente.

Junto a los casos que demuestran una sucesión de la representación sexual intolerable y la representación obsesiva hallamos otros, en los que se nos muestra una coexistencia de representaciones obsesivas y representaciones sexuales de carácter penoso.

Estas últimas no pueden calificarse apropiadamente de "representaciones obsesivas sexuales", pues carecen de un carácter esencial de las representaciones obsesivas, toda vez que se muestran perfectamente justificadas, mientras que el carácter penoso de las representaciones obsesivas comunes constituye un problema para el médico y para el enfermo. En cuanto me ha sido dado penetrar en casos de este género, he podido comprobar que se trata de una defensa continuada contra representaciones sexuales distintas, incesantemente emergentes, o sea, de una labor que no había llegado a término.

Los enfermos suelen ocultar sus representaciones obsesivas en tanto tienen conciencia de su procedencia sexual. Cuando se lamentan de ellas manifiestan generalmente su asombro de sucumbir al efecto correspondiente, angustiarse, experimentar determinados impulsos, etc. En cambio, el médico perito en la materia encuentra justificado y comprensible el afecto, hallando tan sólo singular su enlace con una representación que no lo justifica. O, dicho de otro modo: el afecto de la representación obsesiva le parece *dislocado* o *transpuesto*, y si ha adoptado la teoría aquí descrita, intentará en toda una serie de casos de representaciones obsesivas su transposición regresiva a lo sexual.

Para el enlace secundario del afecto devenido libre puede ser utilizada cualquier representación que por su naturaleza sea susceptible de conexión con un afecto de la *cualidad* dada o tenga con la intolerable ciertas relaciones, a consecuencia de las cuales aparezca utilizable como subrogado suyo. Así, la angustia devenida libre, y cuyo origen sexual no debe ser recordado, se enlaza a las comunes fobias primarias de los hombres, a los animales, a las tormentas, a la obscuridad, etc., o a cosas de innegable relación asociativa con lo sexual, tales como los actos de orinar y defecar, y, en general, a la impureza y al contagio.

La ventaja que obtiene el *yo*, eligiendo para la defensa el camino de la *transposición* del afecto, es menor que la que ofrece la conversión histérica de excitación psíquica en inervación somática. El afecto bajo el cual ha padecido el *yo* permanece intacto, con la sola diferencia de que la representación intolerable queda excluida del recuerdo. Las representaciones así reprimidas constituyen, por su parte, el nódulo de un segundo grupo psíquico, accesible, a nuestro parecer, también sin la ayuda de la hipnosis. El que en las fobias y las representaciones obsesivas falten aquellos visibles síntomas concomitantes a la formación de un grupo psíquico independiente, obedece probablemente a que en el primer caso toda la modificación permanece circunscrita a lo psíquico, no experimentando cambio alguno la relación entre la excitación psíquica y la inervación somática.

Con algunos ejemplos de naturaleza probablemente típica aclararemos lo dicho hasta aquí sobre las representaciones obsesivas:

1) Una muchacha padece de reproches obsesivos. Cuando en el periódico lee haberse descubierto una falsificación de moneda o un crimen, cuyo autor se ignora, piensa en seguida estar implicada en la falsificación, o se pregunta con angustia si no habrá sido ella la homicida, dándose, sin embargo, clara cuenta de lo absurdo de tales imaginaciones. Durante algún tiempo tal conciencia de su culpabilidad adquirió tan gran dominio sobre ella, que llegó a ahogar su juicio crítico, llevándola a acusarse ante sus familiares y su médico de haber cometido realmente semejantes delitos. Un penetrante interrogatorio descubrió el origen de su conciencia de culpabilidad. Excitada por una sensación voluptuosa casualmente experimentada, y siguiendo los malos consejos de una amiga suya, había comenzado a masturbarse y venía entregada a este vicio desde varios años atrás, con plena conciencia de su falta, que se reprochaba duramente, pero como de costumbre en estos casos, sin conseguir enmienda. Un exceso cometido al retorno de un baile provocó la emergencia de la psicosis. La paciente curó después de algunos meses de tratamiento y de severa vigilancia.

2) Otra muchacha padecía el temor de verse atacada de incontinencia de orina desde que un vehemente deseo de orinar la había obligado a abandonar en una ocasión un teatro durante un concierto. Esta fobia la había incapacitado poco a poco para toda vida social. Sólo se sentía tranquila cuando sabía tener próximo un baño al que poder llegar disimuladamente. No existía en ella vestigio alguno de enfermedad orgánica que pudiese justificar sus temores. Hallándose en su casa, entre sus familiares, no experimentaba jamás el temido incoercible deseo, ni tampoco durante la noche. Un detenido examen descubrió que dicho deseo la había acometido por vez primera en las siguientes circunstancias: en la sala de conciertos se hallaba sentado cerca de ella un caballero que no le era indiferente. Al verle, comenzó a pensar en él y a imaginarse ser su mujer y estar sentada a su lado. Durante esta ensoñación experimentó aquella sensación que en las mujeres hemos de comparar a la erección masculina, y que en su caso —ignoramos si en todos— terminó con un ligero deseo de orinar. La referida sensación sexual, habitual en ella, la asustó en esta ocasión, porque había formado el firme propósito de combatir su inclinación amorosa, e inmediatamente el afecto inherente a la misma se transfirió al deseo de orinar que la acompañaba, viéndose obligada la sujeto, después de una penosa lucha, a abandonar la sala. Esta joven, a quien toda realidad sexual horrorizaba, no concibiendo siquiera que pudiera casarse algún día, era, por otro lado, de una tal hiperestesia sexual, que en las ensoñaciones eróticas a que se abandonaba gustosa experimentaba regularmente la referida sensación voluptuosa. El deseo de orinar había acompañado siempre a la erección sin haberla impresionado hasta el día del concierto. El tratamiento alcanzó la curación casi completa de la fobia.

3) Una joven, casada, que en cinco años de matrimonio sólo había tenido un hijo, se me quejaba de sentir un impulso obsesivo de arrojarse por el balcón, y de que a la vista de un cuchillo se apoderaba de ella el miedo a verse impulsada a cogerlo y matar con él a su hijo. A mis preguntas confesó que sólo muy raras veces practicaba ya el comercio matrimonial, y siempre con precauciones para evitar la concepción, añadiendo que ello no le disgustaba nada, pues era de naturaleza poco sensual. Por mi parte hube de manifestarle que lo cierto era que a la vista de los hombres surgían en ella representaciones eróticas, y que este hecho la había llevado a perder su confianza en sí misma, apareciéndose como una persona degradada y capaz de todo. Esta retraducción de la representación obsesiva a lo sexual alcanzó pleno éxito. La paciente confesó llorando su miseria conyugal, por tanto tiempo ocultada, y me comunicó más tarde varias representaciones penosas de carácter sexual no modificado, tales como la sensación frecuentísima de que se le entraba algo por debajo de las faldas.

Terapéuticamente he aprovechado estas repetidas experiencias para orientarme, a pesar de las protestas del enfermo, en los casos de fobias y representaciones obsesivas hacia las representaciones sexuales reprimidas, y cegar, cuando ello es posible, las fuentes de que provienen. Naturalmente, no puedo afirmar que todas las fobias y todas las representaciones obsesivas nazcan en la forma aquí descrita, pues, en primer lugar, mi experiencia no comprende sino un número de formas muy limitado en comparación con las muchas que toman estas neurosis, y en segundo, sé muy bien que estos síntomas "psicasténicos" (según la calificación de Janet) no son todos equivalentes[16]. Hay, por ejemplo, fobias puramente histéricas. Pero, a mi juicio, el mecanismo de la *transposición* del afecto es propio de la gran mayoría de las fobias y representaciones obsesivas, y creo que estas neurosis, que tan pronto hallamos aisladas como combinadas con la histeria o la neurastenia, no deben ser confundidas con la neurastenia, en la que no se puede suponer un mecanismo *psíquico* como síntoma fundamental.

[16] El mecanismo psíquico arriba expuesto no es aplicable a aquel grupo de fobias típicas cuyo prototipo es la agorafobia. Por el contrario, el mecanismo de la agorafobia difiere en un extremo decisivo del de las representaciones obsesivas y las fobias a ellas reducibles. No existe en ella representación reprimida alguna de la que haya sido separado el afecto angustioso. La angustia de estas fobias tiene un distinto origen.

III

En los dos casos hasta ahora examinados, la defensa contra la representación intolerable tenía efecto por medio de la disociación de su afecto concomitante. La representación permanecía en la conciencia, si bien aislada y debilitada. Pero hay aún otra forma de la defensa, mucho más enérgica y eficaz, consistente en que el *yo* rechaza la representación intolerable conjuntamente con su afecto, y se conduce como si la representación no hubiese jamás llegado a él. *En el momento en que esto queda conseguido, sucumbe el sujeto a una psicosis que hemos de calificar de «locura alucinatoria.»* Un único ejemplo aclarará esta nuestra afirmación.

Una muchacha ha ofrendado a un hombre su primera inclinación amorosa y cree firmemente ser correspondida, en lo cual se equivoca, pues si el joven frecuenta su casa es por distinto motivo. Pronto comienza a sufrir desilusiones. Al principio se defiende de ellas convirtiendo históricamente la experiencia dolorosa y conserva así su fe en que el amado volverá un día y pedirá su mano. Pero a consecuencia de una conversión imperfecta y de constantes impresiones penosas, se siente desgraciada y enferma. Su esperanza se concentra, por último, en un determinado día, en el que se celebra en su casa una fiesta familiar. Mas el día transcurre sin que el joven acuda. Pasados todos los trenes en los que podía llegar, cae la sujeto en una locura alucinatoria: su amor ha llegado; oye su voz en el jardín y baja a recibirle. A partir de este momento vive por espacio de dos meses en un dichoso sueño: el joven está siempre a su lado, no la abandona un instante y todo ha vuelto a ser como antes (como en la época anterior a las desilusiones tan trabajosamente rechazadas). La histeria y la depresión de ánimo han quedado vencidas. Durante toda la enfermedad no habla la sujeto para nada de la última época de dudas y sufrimientos. Es feliz mientras se le deja tranquila y sólo se exalta cuando alguna medida de sus familiares le impide realizar alguna lógica consecuencia de su dichoso ensueño. Esta psicosis, incomprensible en su tiempo, queda explicada diez años más tarde en un análisis hipnótico.

El hecho sobre el que yo quiero llamar la atención es el de que el contenido de una tal psicosis alucinatoria consiste precisamente en la acentuación de la representación, amenazada por el motivo de la enfermedad. Puede, por lo tanto, decirse que el *yo* ha rechazado la representación intolerable por medio de la huida a la psicosis. El proceso que lleva a este resultado escapa tanto a la autopercepción del sujeto como el análisis psicológico-clínico. Debe ser considerado como la expresión de una elevada disposición patológica y puede, quizá, describirse como sigue: el *yo* se separa de la representación intolerable, pero esta se halla inseparablemente unida a un trozo de la realidad, y al desligarse de ella, el *yo* se desliga también, total o parcialmente, de la realidad. Esto último es, a mi juicio, la condición para reconocer a las propias representaciones, vida alucinatoria, y con ello cae el sujeto, una vez alcanzada la repulsa de la representación intolerable, en la locura alucinatoria.

No dispongo sino de muy pocos análisis de psicosis de este género, pero creo ha de tratarse de un tipo muy frecuentemente utilizado de enfermedad psíquica, pues en ningún manicomio faltan los casos, análogamente interpretables, de la madre que, enajenada por la muerte de su hijo, mece incansablemente en sus brazos un trozo de madera, o de la novia despreciada, que todos los días espera, durante años y años, la llegada de su novio, y se compone para recibirle.

No es, quizá, superfluo acentuar que las tres formas de la defensa aquí descrita, y con ellas las tres formas de enfermedad, a las que la defensa lleva, pueden presentarse reunidas en una misma persona. La aparición simultánea de fobias y síntomas histéricos, tan frecuentemente observada en la práctica, es uno de los factores que dificultan la separación de la histeria de las demás neurosis, y obligan a establecer las "neurosis mixtas". La locura alucinatoria no es con frecuencia compatible con la perduración de la histeria, ni por lo regular con la de las representaciones obsesivas. En cambio, no es nada raro que una psicosis de defensa irrumpa episódicamente en el curso de una neurosis histérica o mixta.

Recordaré, por último, con pocas palabras, la idea auxiliar de la cual me he servido en esta descripción de las neurosis de defensa. Tal idea es la de que en las funciones psíquicas debe distinguirse algo (montante del afecto, magnitud de la excitación) que tiene todas las propiedades de una cantidad —aunque no poseamos medio alguno de medirlo—, algo susceptible de aumento, disminución, desplazamiento y descarga, que se extiende por las huellas mnémicas de las representaciones como una carga eléctrica por las superficies de los cuerpos.

Esta hipótesis, en la que se basa ya nuestra teoría de la "derivación por reacción", puede utilizarse en el mismo sentido que los físicos utilizan la de la corriente del fluido eléctrico. De todos modos, queda por lo pronto justificada por su utilidad para la síntesis y la explicación de muy diversos estados psíquicos.

Sobre la justificación de separar de la neurastenia un cierto complejo de síntomas a título de «neurosis de angustia»

Mientras se continúe dando a la palabra "neurastenia" todos los significados en los que Beard hubo de emplearla, será difícil decir nada generalmente válido sobre la enfermedad a la que califica. A mi juicio, ha de ser muy ventajoso para la Neuropatología intentar separar de la neurastenia propiamente dicha todas aquellas perturbaciones neuróticas, cuyos síntomas se hallan más firmemente enlazados entre sí que con los síntomas neurasténicos típicos que, por otra parte, en su etiología y en su mecanismo, difieren esencialmente de la neurosis neurasténica típica.

Esta labor clasificadora nos proporcionará pronto una imagen relativamente uniforme de la neurastenia, y habrá de permitirnos distinguir de la neurastenia auténtica, con mayor precisión que hasta ahora, diversas seudoneurastenias, tales como el cuadro clínico de la neurosis refleja nasal, orgánicamente provocada; las perturbaciones nerviosas de las caquexias y de la arteriosclerosis y de los estadios iniciales de la parálisis progresiva y de algunas psicosis. Además, se hará posible separar —siguiendo la propuesta de Moebius— algunos estados nerviosos de los degenerados hereditarios, y se encontrarán razones para adscribir más bien a la melancolía algunas neurosis de naturaleza intermitente o periódica, a las que hoy se da el nombre de neurastenia. Pero el paso decisivo consiste en separar de la neurastenia cierto complejo de síntomas que a continuación describiremos y que llena muy cumplidamente las condiciones antes detalladas. Los síntomas de este complejo se muestran clínicamente mucho más próximos unos a otros que a los neurasténicos (esto es, aparecen con frecuencia juntos, y se representan unos a otros en el curso de la enfermedad), y tanto la etiología como el mecanismo de la neurosis a la que corresponden son fundamentalmente distintos de los propios de la neurastenia auténtica, tal y como esta queda después de efectuar la iniciada separación.

Damos a este complejo de síntomas el nombre de "neurosis de angustia" por la circunstancia de que todos sus componentes pueden ser agrupados en torno a uno principal, que es la angustia. En un principio creímos original esta nuestra interpretación de los síntomas de la neurosis de angustia, pero un día cayó en nuestras manos una interesante conferencia de Hecker, en la que hallamos desarrollada clara y cumplidamente igual teoría[17]. Sin embargo, Hecker no separa de la neurosis, como yo me propongo hacerlo, los síntomas en los que reconoce equivalentes o rudimentos del ataque de angustia, sin duda por no haberse dado cuenta de la diferencia etiológica existente. El conocimiento de esta diferencia nos deja en libertad para dar a los síntomas de la neurosis de angustia un calificativo distinto del de neurasténicos, haciéndosenos así más fácil establecer afirmaciones generales.

I. Sintomatología clínica de la neurosis de angustia

La perturbación a la que damos el nombre de *neurosis de angustia* surge completa o sólo rudimentariamente desarrollada, aislada o en combinación con otras neurosis. Los casos en cierto modo completos, y al mismo tiempo, aislados, son,

[17] E. Hecker: "Ueber larvierte und abortive Angst-zustaende bei Neurasthenia", en *Zentralblatt für Nervenheilkunde*, diciembre1893. En su estudio, *Der neurasthenische Angtaftekt bei Zwangvorstellungen und der primordiale Gruebelzwang*, Viena, 1893, considera Kaan la angustia como uno de los síntomas principales de la neurastenia.

claro está, los que más especialmente dan la impresión de que la neurosis de angustia posee plena independencia clínica. En otros casos se nos plantea la labor de separar de un complejo de síntomas correspondientes a una "neurosis mixta" aquellos que no pertenecen a la neurastenia, la histeria, etcétera, sino a la neurosis de angustia.

El cuadro clínico de la neurosis de angustia comprende los siguientes síntomas:

1) La excitabilidad general. —Es este un síntoma nervioso muy frecuente, propio como tal de muchos estados nerviosos. Lo incluimos aquí porque surge siempre en la neurosis de angustia, y es teóricamente muy importante. Una elevada excitabilidad indica siempre acumulación de excitación o incapacidad de resistirla, esto es, acumulación absoluta o relativa de excitación. Dentro de esta elevada excitabilidad, me parece digna de especial mención su manifestación en una *hiperestesia auditiva*, una hipersensibilidad con respecto a los ruidos; síntomas explicables seguramente por la íntima relación innata entre las impresiones auditivas y el sobresalto. La hiperestesia auditiva aparece muchas veces como causa de insomnio, del cual más de una forma pertenece a la neurosis de angustia.

2) La espera angustiosa. —No nos es posible explicar el estado a que así nos referimos más que por el nombre mismo a él asignado y la exposición de algunos ejemplos. Así, el de una mujer que cada vez que oye toser a su marido, propenso a los catarros, piensa en la posibilidad de que contraiga una pulmonía mortal, y ve en su imaginación pasar el entierro. Cuando al volver a casa ve dos o tres personas ante su puerta, no puede por menos de pensar que alguno de sus hijos se ha caído desde un balcón, y si oye doblar las campanas, se figura en el acto que es por algún ser querido, siendo así que ninguno de estos casos entraña nada que pueda significar una mera posibilidad.

La espera angustiosa se da también, mitigada, en lo normal, comprendiendo todo aquello que designamos con los nombres de "ansiedad, tendencia a la visión pesimista de las cosas, etc.", pero sobrepasa siempre que ello es posible el nivel natural, y muchas veces es reconocida por los mismos enfermos como una especie de obsesión. Para una de las formas de la espera angustiosa, esto es, para la que se refiere a la propia salud, puede reservarse el viejo término médico de hipocondría. La hipocondría no sigue siempre una trayectoria paralela a la de la espera angustiosa general, pues demanda como condición previa la existencia de parestesias y sensaciones físicas penosas, y de este modo resulta ser la forma que los neurasténicos prefieren en cuanto sucumben a la neurosis de angustia, cosa muy frecuente.

Otra manifestación de la espera angustiosa es la tendencia, tan frecuente en personas de sensibilidad moral, al miedo a la propia conciencia, a los escrúpulos exagerados; tendencia que puede también ir desde lo normal hasta lo patológico.

La espera angustiosa es el síntoma modular de la neurosis. En él se nos hace patente la exactitud de toda una parte de nuestra teoría sobre tal perturbación. Puede, quizá, concluirse que nos hallamos ante un *quantum* de angustia, libremente flotante, que durante la espera domina la elección de las representaciones, y se halla dispuesto en todo momento a enlazarse a cualquier idea apropiada.

No es esta la única forma en que puede manifestarse la espera angustiosa, latente casi siempre para la conciencia, pero constantemente en acecho. Puede, en efecto, irrumpir de repente en la conciencia sin ser despertado por el curso de la imaginación y provocar así un ataque de angustia. Un tal ataque puede consistir tan sólo en la sensación de angustia, no asociada a ninguna representación, o unida a la de la muerte o la locura, o también en dicha misma sensación, acompañada de una parestesia cualquiera (análoga al aura histérica), o enlazada a la perturbación de una o más funciones físicas, tales como la respiración, la circulación, la inervación vasomotora o la actividad glandular. De esta combinación hace el paciente resaltar tan pronto unos factores como otros, quejándose de "palpitaciones", "disnea", "sudores", "bulimia", etc., y en sus lamentos deja con frecuencia sin mencionar la sensación de angustia o alude ligeramente a ella, calificándola de "malestar", etc.

3) Para el diagnóstico presenta gran importancia el hecho de que la proporción de los indicados elementos en el ataque de angustia es infinitamente variable, pudiendo además cada uno de los síntomas concomitantes constituir por sí solo el ataque, lo mismo que la angustia. Hay, en consecuencia, *ataques de angustia rudimentarios y equivalentes del ataque de angustia*, todos ellos, probablemente, de igual significación, que muestran una gran riqueza de formas, hasta ahora poco estudiadas. El detenido estudio de estos estados larvados de angustia (Hecker) y su diferenciación de otros ataques constituye una labor que reclama urgentemente la atención de los neurólogos.

He aquí una relación de las formas del ataque de angustia que hasta ahora me son conocidas:

a) Con perturbaciones de la actividad cardíaca, palpitaciones, arritmias breves, taquicardia duradera y hasta graves estados de debilidad del corazón, difíciles de diferenciar de una afección orgánica.

b) Con perturbaciones de la respiración, formas diversas de disnea nerviosa, ataques análogos a los de asma, etc. He de advertir que estos ataques no aparecen siempre acompañados de angustia perceptible.

c) Ataques de sudor, a veces nocturno.

d) Ataques de temblores y convulsiones, fáciles de confundir con los histéricos.

e) Ataques de bulimia, acompañados a veces de vértigos.

f) Diarreas emergentes en forma de ataques.

g) Ataques de vértigo locomotor.

h) Ataques de las llamadas congestiones, esto es, de aquello a lo que se ha dado el nombre de neurastenia vasomotora.

i) Ataques de parestesias (raras veces sin angustia o un malestar análogo).

4) El *pavor nocturnus* de los adultos, acompañado generalmente de angustia, disnea, sudores, etc., no es muchas veces, sino una forma del ataque de angustia. Esta perturbación condiciona una segunda forma del insomnio, dentro del cuadro de la neurosis de angustia. Se me ha hecho, además, indudable que también el *pavor nocturno* de los niños muestra una forma perteneciente a la neurosis de angustia. El matiz histérico y el enlace de la angustia con la reproducción de un suceso o un sueño adecuados dan al *pavor nocturnus* de los niños la apariencia de un caso especial. Pero este pavor surge también aislado, sin sueño ni alucinación ningunos.

5) En el grupo de síntomas de la neurosis de angustia ocupa un lugar sobresaliente el "vértigo", que en su forma más leve es un simple "mareo" y en la más grave, la del "ataque de vértigo", con o sin angustia, constituye uno de los más temibles síntomas de la neurosis.

El vértigo de la neurosis de angustia no es un vértigo giratorio, ni permite tampoco hacer resaltar, como el vértigo de Menière, varios planos y direcciones. Pertenece a la forma locomotora o coordinatoria, como el producido por la parálisis de los músculos del ojo, y consiste en un malestar específico, acompañado de la sensación de que el suelo oscila, se hunden en él las piernas y resulta imposible continuar en pie. Las piernas del sujeto tiemblan y se doblan, pesándole como si fuesen de plomo. Sin embargo, este vértigo no provoca la caída del enfermo. En cambio, hemos de afirmar que tal ataque de vértigo puede quedar representado por un ataque de profundo desvanecimiento. Otros estados de desvanecimiento de la neurosis de angustia parecen depender de un colapso cardíaco.

El ataque de vértigo se presenta muchas veces acompañado de angustia de la peor clase y combinado con perturbaciones respiratorias y del corazón. En la neurosis de angustia aparece también, según mis observaciones, el vértigo de las alturas, pero no sé si estará justificado suponer igualmente en estos casos la existencia adjunta de un "vértigo *a stomacho laeso*".

6) Sobre la base de la espera angustiosa, por un lado, y por otro, de la tendencia a los ataques de angustia y de vértigo, se desarrollan dos grupos de fobias típicas, referente uno a las amenazas fisiológicas generales, y otro a la locomoción. Al primer grupo pertenece el miedo a las serpientes, a las tormentas, a la obscuridad, a los insectos, etc., la exagerada escrupulosidad típica y varias formas de la *folie de doute*. En estas perturbaciones, la angustia disponible es simplemente utilizada para intensificar repugnancias instintivas comunes a todos los hombres. Mas, por lo general, la fobia de carácter análogo al obsesivo no emerge hasta el momento en que aparece una reminiscencia de un proceso en que el miedo pudo exteriorizarse; por ejemplo, después de haber sido sorprendido el enfermo por una tormenta en campo raso. No es acertado querer explicar estos casos como mera perduración de una impresión violenta. Lo que da importancia a estos sucesos y hace perdurar su recuerdo es tan sólo la angustia que en ellos surgió y que puede volver a emerger en cualquier momento. O, dicho de otro modo, tales impresiones sólo conservan su fuerza en personas enfermas de "espera angustiosa".

El grupo contiene la *agorafobia* con sus especies secundarias, caracterizadas todas por su referencia a la locomoción. Con frecuencia hallamos aquí, como base de la fobia, un anterior ataque de vértigo, pero no creo deba darse a tales ataques la significación de una premisa indispensable. Hallamos, en efecto, muchas veces que después de un primer ataque de vértigo sin angustia, y no obstante quedar ya la locomoción constantemente afecta de la sensación de vértigo, no experimenta tal función restricción alguna, fallando, en cambio, por completo en determinadas condiciones, tales como la falta de un acompañante o el paso por calles estrechas, etcétera, cuando el ataque de vértigo fue acompañado de angustia.

La relación de estas fobias con las de la neurosis obsesiva, cuyo mecanismo hemos descrito en nuestro estudio titulado *Las neuropsicosis de defensa*, es la siguiente: coinciden ambas perturbaciones en el hecho de hacerse obsesiva una representación por su enlace con un afecto disponible, pudiendo así adscribirse a ambas clases de fobias el mecanismo de la transposición del afecto. Pero en las fobias de la neurosis de angustia es este afecto siempre el mismo, la angustia; y no procede de una representación reprimida, demostrándose tan irreductible por medio del análisis psicológico, como rebelde a toda acción psicoterápica. Así, pues, el mecanismo de la sustitución no es aplicable a las fobias de la neurosis de angustia.

Ambas clases de fobias (o representaciones obsesivas) se presentan con frecuencia juntas, aunque las fobias atípicas, fundadas en representaciones obsesivas, no tienen que arraigar necesariamente en el terreno de la neurosis de angustia. Con frecuencia tropezamos con otro mecanismo, aparentemente más complicado, cuando en una fobia originariamente sencilla de la neurosis de angustia es sustituido el contenido de la fobia por otra representación, esto es, cuando la sustitución viene a agregarse, *a posteriori*, a la fobia. Para tal sustitución se emplean con máxima frecuencia aquellas "medidas preventivas" que primitivamente se ensayaron para combatir la fobia. Así, la obsesión especulativa surge de la aspiración a darse el sujeto a sí mismo una prueba de que no está loco, como la fobia hipocondriaca le afirma. Las vacilaciones y dudas, o más bien, repeticiones de la *folie de doute*, nacen de la duda justificada en la seguridad del propio pensamiento, dado que el sujeto tiene conciencia de la tenacísima perturbación de sus procesos mentales, por la representación obsesiva. Puede, por lo tanto, afirmarse que también muchos síndromes, tanto de la neurosis obsesiva como de la *folie de doute* y otras perturbaciones análogas, deben ser adscritos clínicamente, ya que no conceptualmente, a la neurosis de angustia.

7) La actividad digestiva no experimenta en la neurosis de angustia sino muy pocas perturbaciones, pero muy características. No son nada raras sensaciones de náuseas y malestar, y el síntoma de la bulimia puede constituir por sí solo, o con otros (congestiones), un ataque de angustia rudimentario. En calidad de perturbación crónica, análoga a la espera angustiosa, hallamos la tendencia a la diarrea, que ha dado ocasión a los más originales errores de diagnóstico. Si no me equivoco, es esta diarrea la que Moebius[18] ha señalado a la atención médica en un reciente estudio. Sospecho además que la diarrea refleja de Peyer, dependiente, según este autor, de enfermedades de la próstata[19], no es sino tal diarrea de la neurosis de angustia. La relación refleja es una mera apariencia, desmentida por el hecho de intervenir en la génesis de tales afecciones prostáticas los mismos factores que en la etiología de la neurosis de angustia.

La neurosis de angustia ejerce sobre el estómago y el intestino una influencia contraria a la de la neurastenia. Los casos mixtos muestran con frecuencia la conocida "alternativa de diarrea y estreñimiento". La poliuria de la neurosis obsesiva es análoga a la diarrea.

---

[18] Moebius: *Neuropathologische Beiträge*, 1894, Q. Heft.

[19] Peyer: "Die nervoesen Affektionen des Darmes", en *Wiener Klinik*, enero 1893.

8) Las parestesias que pueden acompañar al ataque de vértigo o angustia resultan interesantes por asociarse entre sí, como las sensaciones del aura histérica, formando una serie. Pero, al contrario de las histéricas, estas sensaciones asociadas nos parecen atípicas y variables. Otra analogía con la histeria es producida por el hecho de tener también lugar, en la neurosis de angustia, una especie de conversión en sensaciones físicas. Así, un gran número de reumáticos leves, de lo que padecen realmente es de neurosis de angustia. Al lado de este incremento de la sensibilidad al dolor hemos observado en muchos casos de neurosis de angustia una tendencia a las alucinaciones que no puede ser considerada como histérica.

9) Varios de los síntomas citados que acompañan o representan al ataque de angustia se presentan también en forma crónica, siendo entonces más difícil descubrirlos, toda vez que la sensación de angustia concomitante es menos precisa que en el ataque de angustia. Así sucede especialmente con la diarrea, el vértigo y las parestesias. Como el ataque de vértigo por el desvanecimiento, puede el vértigo crónico quedar representado por una sensación duradera de cansancio, depresión, etc.

II. Aparición y etiología de la neurosis de angustia

En algunos casos de neurosis de angustia nos resulta imposible descubrir un proceso etiológico, siendo precisamente en estos casos en los que se nos hace más fácil comprobar la existencia de una grave tara hereditaria.

Pero cuando poseemos algún fundamento para creer que se trata de una neurosis adquirida, hallamos siempre, después de un cuidadoso examen, como factores etiológicos, una serie de perturbaciones e influencias nocivas provenientes de la vida sexual. Tales factores parecen, al principio, de naturaleza diferente, pero dejan pronto transparentar el carácter común que explica su idéntico efecto sobre el sistema nervioso, y se muestran, bien aislados, bien unidos a otras perturbaciones "banales" a las que ha de adscribirse un efecto corroborativo. Esta etiología sexual de la neurosis de angustia es tan predominante, que creo poder permitirme, a los fines de este breve estudio, dejar a un lado los casos de etiología distinta o dudosa.

Para la más precisa exposición de las condiciones etiológicas, bajo las cuales surge la neurosis de angustia, será conveniente separar los casos según el sexo del sujeto. Así, pues, diremos que la neurosis se presenta en las mujeres —abstracción hecha de su disposición— en los casos siguientes:

a) Como angustia virginal o angustia de los adolescentes. —Un gran número de observaciones personales me han demostrado que el primer contacto con el problema sexual, en forma de una súbita revelación de lo hasta entonces encubierto, bien por la visión de un acto sexual, bien por una lectura o en una conversación, puede provocar en las adolescentes la emergencia de una neurosis de angustia, combinada casi típicamente con una histeria.

b) Como angustia de las recién casadas. —Aquellas recién casadas que en las primeras cohabitaciones han permanecido anestésicas contraen con frecuencia una neurosis de angustia, que desaparece luego cuando la anestesia es sustituida por la sensibilidad normal. Dado que la mayoría de las recién casadas inicialmente anestésicas no contraen, sin embargo, tal neurosis, hemos de considerar necesaria para su aparición la concurrencia de otras condiciones, que más adelante indicaremos.

c) Como angustia de las mujeres cuyos maridos se hallan aquejados de eyaculación precoz o de grave disminución de la potencia.

d) De aquellas otras cuyos maridos practican el *coitus interruptus* o *reservatus*. Estos casos forman uno solo, pues el análisis de numerosos ejemplos nos ha impuesto la convicción de que el factor decisivo es exclusivamente que la mujer llegue o no a alcanzar en el coito la satisfacción sexual. El caso negativo entraña la condición de la emergencia de la neurosis de angustia. En cambio, aquellas mujeres cuyos maridos padecen de eyaculación precoz, pero pueden repetir inmediatamente el coito, con mejores resultados, permanecen protegidas contra la neurosis. El *congressus reservatus* por medio del preservativo no perjudica a la mujer cuando el marido es muy potente y ella rápidamente excitable, pero en caso contrario es esta forma del comercio preventivo tan nociva como las demás. El *coitus interruptus* es casi siempre perjudicial para quienes lo practican, con la circunstancia de que para la mujer sólo es cuando el marido lo realiza sin consideración hacia ella, esto es, interrumpiendo el coito en cuanto siente próxima la eyaculación, sin cuidarse del curso de la excitación en la mujer. Cuando, por el contrario, espera el hombre hasta la satisfacción de la mujer, el coito tendrá para esta el valor normal, pero, en cambio, será el hombre el que contraerá la neurosis de angustia. Estas afirmaciones me han sido impuestas por los resultados de múltiples observaciones y análisis.

e) Como angustia de las viudas y de las mujeres voluntariamente abstinentes, combinada muchas veces de un modo típico con representaciones obsesivas.

f) Como angustia en el período climatérico, durante la última gran elevación de la necesidad sexual.

Los casos *c)*, *d)* y *e)* contienen las condiciones en las cuales la neurosis de angustia ataca más frecuentemente y con mayor independencia de la propensión hereditaria a los sujetos femeninos. Con respecto a estos casos —adquiridos y curables— de neurosis de angustia intentaremos demostrar que la práctica sexual nociva descubierta constituye realmente el factor etiológico de las neurosis. Pero antes expondremos las condiciones sexuales de la neurosis de angustia en los hombres, estableciendo los grupos siguientes, que tienen todos en los anteriores, femeninos, sus analogías:

a^{1}) Angustia de los abstinentes voluntarios, combinada muchas veces con síntomas de *defensa* (representaciones obsesivas, histeria). Los motivos en que se funda la abstinencia voluntaria hacen que esta categoría incluya gran cantidad de sujetos hereditariamente predispuestos, originales, etc.

b^{1}) Angustia de los hombres que sufren de excitación frustrada (durante el noviazgo) y de aquellas personas —que por miedo a las consecuencias del comercio sexual— se contentan con tocar o contemplar a la mujer. Este grupo de condiciones, que puede ser transferido sin modificación alguna al otro sexo, proporciona los casos más puros de neurosis.

c^{1}) Angustia de los hombres que practican el *coitus interruptus*. Como ya hemos dicho, el *coitus interruptus* perjudica a la mujer cuando es practicado sin cuidado alguno por su satisfacción, y, en cambio, al hombre, cuando este, para conseguir la satisfacción de la mujer, dirige voluntariamente el coito, aplazando la eyaculación. De este modo se hace comprensible que en los matrimonios que practican el *coitus interruptus* sólo enferme, por lo general, uno de los cónyuges. Por lo demás, el coito interrumpido no produce sino muy pocas veces, en el hombre, una neurosis de angustia pura, siendo, por lo general, su consecuencia una neurosis mixta de neurosis de angustia y neurastenia.

d^{1}) Angustia de los hombres en la edad crítica. Hay hombres que pasan, como las mujeres, por un período climatérico, y contraen, en la época de declinación de su potencia y elevación de la libido, una neurosis de angustia.

Por último, añadiremos dos casos válidos para ambos sexos:

α) Los neurasténicos que han contraído su enfermedad a consecuencia de la masturbación caen en la neurosis de angustia en cuanto abandonan tal forma de satisfacción sexual, pues el vicio solitario hace a estos sujetos especialmente incapaces de soportar la abstinencia.

Como dato muy importante para la comprensión de la neurosis de angustia haremos constar que sólo en hombres aún potentes y en mujeres no anestésicas adquiere esta perturbación un desarrollo considerable. En los neurasténicos cuya potencia ha quedado gravemente dañada por la masturbación, la neurosis de angustia emergente en caso de abstinencia no adquiere sino muy escaso desarrollo, limitándose casi siempre a la hipocondría y a un ligero vértigo crónico. A las mujeres ha de suponérselas siempre "potentes", pero es también indudable que una mujer verdaderamente impotente, esto es, realmente anestésica, será siempre menos accesible a la neurosis de angustia y resistirá singularmente bien los efectos nocivos indicados.

Por ahora no queremos entrar en la cuestión de hasta qué punto sería exacto suponer entre algunos factores etiológicos y algunos síntomas del complejo de la neurosis de angustia relaciones constantes.

β) La última de las condiciones etiológicas que nos proponemos mencionar no parece, al principio, ser de naturaleza sexual. La neurosis de angustia surge también, en efecto, en los dos sexos, como consecuencia de un *surmenage* o un esfuerzo agotador; por ejemplo, después de largas vigilias nocturnas, de una continuada asistencia a un enfermo o incluso de una grave dolencia del propio sujeto.

La objeción principal contra mi teoría de una etiología sexual de la neurosis de angustia será, quizá, la de que tales anormalidades de la vida sexual son tan frecuentes que siempre las encontramos a mano, por poco que nos molestemos en buscarlas. Así, pues, su aparición en los casos de neurosis de angustia antes descritos no probarían su cualidad de factores etiológicos de la neurosis. Además, el número de personas que practican el coito interrumpido, etc., es incomparablemente mayor que el de las que padecen neurosis de angustia, habiendo, por lo tanto, una inmensa mayoría que resiste sin la menor perturbación las indicadas prácticas nocivas.

A esta objeción hemos de responder, en primer lugar, que, dada la extraordinaria frecuencia reconocida de las neurosis, y especialmente de la neurosis de angustia, no era de esperar el descubrimiento de un factor etiológico que sólo raras veces se diese; en segundo, que el hecho de descubrirse en una investigación etiológica el factor etiológico con mayor frecuencia que su efecto, constituye precisamente el cumplimiento de un postulado de patología, ya que para que dicho efecto se produzca pueden ser precisas otras condiciones (propensión, agregación de la etiología específica, apoyo de otras influencias inocuas de por sí), y, por último, que la detallada clasificación antes expuesta de los casos apropiados a la emergencia de la neurosis de angustia demuestra inequívocamente la significación del factor sexual. Pero de momento nos limitaremos al factor etiológico constituido por el *coitus interruptus* y a la exposición de algunas experiencias probatorias.

1) Mientras la neurosis de angustia de una mujer joven no se halla aún plenamente constituida, sino que surge en ramificaciones que desaparecen luego espontáneamente, puede demostrarse que cada uno de tales impulsos de la neurosis depende de un coito en el que la satisfacción fue incompleta. Dos días después del mismo, o al día siguiente, en personas menos resistentes, aparece regularmente el ataque de angustia o de vértigo, al que se unen otros síntomas neuróticos, desapareciendo luego todo junto, cuando el comercio matrimonial es poco frecuente. Un viaje casual del marido o una estancia de la mujer en alguna estación de altura, unidos a la interrupción del comercio matrimonial, mejoran generalmente a la enferma. Lo mismo sucede con el tratamiento ginecológico, al que casi siempre se recurre al principio, en estos casos, en cuanto trae consigo la interrupción del trato carnal. Pero tanto la cura de altura como el tratamiento local resultan singularmente ineficaces en cuanto los esposos vuelven a cohabitar. En cambio, si el médico, conocedor de esta etiología, hace sustituir a los cónyuges del *coitus interruptus* por el normal, obtendrá siempre, en los casos de neurosis aún no constituida, la prueba terapéutica de nuestras afirmaciones, pues la angustia cesará para no volver a presentarse sin un nuevo motivo análogo.

2) En las anamnesis de muchos casos de neurosis de angustia comprobamos, tanto en los hombres como en las mujeres, una singular oscilación de la intensidad de los fenómenos y de las alternativas de todo el estado patológico. Un año es casi bueno, y el siguiente, horrible; unas veces la mejoría pareció obedecer a una cura determinada, pero esta misma cura fracasa luego por completo en otro ataque, etc. Si investigamos entonces el número de hijos del matrimonio y su orden de sucesión, y confrontamos esta crónica conyugal con el extraño curso de la neurosis, hallaremos que los períodos de mejoría o bienestar coinciden con los embarazos de la mujer, durante los cuales no había, naturalmente, motivo para practicar el comercio preventivo, confirmándose igualmente que el marido obtuvo mejoría en todas aquellas curas, cualquiera que haya sido su clase, cuyo término coincidió con un principio de embarazo en su mujer.

3) De la anamnesis de los enfermos resulta muchas veces que los síntomas de la neurosis de angustia han venido a sustituirse, en una época determinada, a los de otra neurosis; por ejemplo, a los de la neurastenia. Es estos casos se demuestra siempre que poco tiempo antes de tal mudanza del cuadro clínico ha tenido efecto un cambio correlativo de la práctica sexual nociva.

Estas experiencias, multiplicables a voluntad, imponen al médico, para toda una categoría de casos, la etiología sexual, como existiendo otros casos que, por lo menos, se nos hacen comprensibles por medio de la clave que supone tal etiología, sin la cual no nos sería posible tampoco clasificarlos. Tales casos, muy numerosos, son aquellos en los cuales hallamos, desde luego, todo lo que en la otra categoría hemos descubierto, o sea, por un lado, los fenómenos de la neurosis de angustia, y por otro, el factor específico representado por el *coitus interruptus*, pero en los que, además, viene a interponerse algo nuevo, un largo intervalo entre la etiología sospechada y su efecto, y quizá también factores etiológicos de naturaleza no sexual. Veamos un ejemplo: un sujeto sufre, al recibir la noticia de la muerte de su padre, un ataque al corazón, y a partir de este momento enferma de neurosis de angustia. El caso resulta así incomprensible, pues el sujeto no había mostrado hasta entonces ningún indicio de disposición nerviosa, y la muerte de su padre, muy anciano ya, ocurrió en circunstancias totalmente normales, no pudiendo contarse el fallecimiento normal y esperado de un padre anciano entre los sucesos que suelen hacer enfermar a personas sanas. Pero, en cambio, sabemos que el sujeto practica hace ya once años el coito interrumpido, cuidando de que su mujer obtenga en él plena satisfacción, y esta circunstancia arroja ya viva luz sobre la etiología del caso, pues el sujeto presenta exactamente los mismos fenómenos comprobados en otras personas después de una corta práctica del indicado manejo sexual y sin la intervención de otro trauma. Análogamente hemos de juzgar el caso de una mujer que enferma de neurosis de angustia al perder un hijo, y el de un estudiante al que la neurosis de angustia estorba la preparación de unas oposiciones. En ninguno de estos dos casos encuentro explicado el efecto por las causas etiológicas indicadas. Se puede estudiar sin llegar al agotamiento, y la reacción de una madre sana a la pérdida de un hijo no suele ser sino la tristeza normal. Pero ante todo yo esperaría que el trabajo agotador hubiera producido al estudiante una debilidad cerebral, y que al morir su hijo hubiera la madre adquirido una histeria. La circunstancia de enfermar ambos de neurosis de angustia me hace dar valor etiológico a los hechos de llevar la madre ocho años practicando con su marido el *coitus interruptus*, y mantener el estudiante, desde hacía tres años, unas íntimas relaciones amorosas con una joven "honrada", a la que no debe dejar embarazada.

Todo esto nos lleva a afirmar que la nocividad específica sexual del coito interrumpido, cuando no llega a provocar por sí sola la neurosis de angustia, predispone, por lo menos, a su adquisición. La neurosis de angustia surge, entonces, en cuanto al efecto latente del factor específico viene a agregarse el de otro factor innocuo. Este último puede representar cuantitativamente el factor específico, pero no sustituirlo cualitativamente. El factor específico permanece siendo siempre el que determina la forma de la neurosis. Espero demostrar también este principio en lo que se refiere a la etiología de otras neurosis.

Estas últimas reflexiones contienen además la hipótesis, nada inverosímil en sí, de que las prácticas sexuales nocivas, como el coito interrumpido, llegan a adquirir significación etiológica por la acumulación de otros factores. Según la disposición de cada individuo y las demás taras de su sistema nervioso, tardará más o menos tiempo en hacerse visible el efecto de tal acumulación. Los individuos que resisten sin aparente perjuicio el coito interrumpido quedan, en realidad predispuestos, por su práctica, a las perturbaciones de la neurosis obsesiva, que en una ocasión cualquiera, espontáneamente, o después de un trauma sin importancia, pueden emerger con toda intensidad, del mismo modo que el alcohólico crónico acaba adquiriendo, por acumulación, una cirrosis u otra enfermedad o cayendo en el delirio bajo la influencia de un estado febril.

III. Primeras aportaciones a una teoría de la neurosis de angustia

Las consideraciones que siguen no aspiran a otro valor que al de una primera tentativa, cuyo enjuiciamiento no deberá influir en la admisión de los hechos descritos en los apartados anteriores. Por otra parte, la admisión de la "teoría de la neurosis de angustia", que vamos a intentar desarrollar, se hace aún más difícil, por el hecho de no constituir sino un fragmento de una más amplia exposición de las neurosis.

Lo que hasta aquí llevamos dicho sobre la neurosis de angustia abarca ya algunos extremos que nos permiten penetrar un tanto en el mecanismo de esta neurosis. Así, en primer término, la sospecha de que puede tratarse de una acumulación de excitación, y, además, el hecho importantísimo de que la *angustia* en la que se basan los fenómenos de la neurosis no es *susceptible de una descarga psíquica*. Una descarga sería, por ejemplo, posible si la base de la neurosis de angustia fuera un sobresalto —único o repetido— justificado, que constituyera, desde su ocurrencia, la fuente de la disposición a la angustia. Pero no es éste el caso.

A causa de un sobresalto único puede adquirirse una histeria o una neurosis traumática, nunca una neurosis de angustia. Al principio, viendo resaltar en primer término, entre las causas de la neurosis de angustia, el *coitus interruptus*, creíamos que la fuente de la angustia continua podía hallarse en el miedo repetidamente experimentado en cada acto carnal de que la técnica preventiva fracasase y se originara un embarazo. Pero más tarde descubrimos que este estado de ánimo del hombre o de la mujer durante el coito interrumpido carece de toda relación con la génesis de la neurosis de angustia, y que las mujeres a las que no asusta la posibilidad del embarazo se hallan tan expuestas a la neurosis como aquellas otras a las que tal posibilidad espanta. El factor decisivo es, única y exclusivamente, la falta de satisfacción que uno de los cónyuges ha de experimentar en la práctica del coito interrumpido.

Nuestro descubrimiento del mecanismo de la neurosis de angustia encuentra otro apoyo en la observación, aún no mencionada, de que en series enteras de casos se inicia la neurosis de angustia con una patente disminución de la libido sexual, del *placer psíquico*, haciendo que al comunicar a los enfermos que su dolencia proviene de una "satisfacción incompleta", nos respondan todos negando la posibilidad de un tal origen, toda vez que precisamente en los últimos tiempos viven sin experimentar la menor necesidad sexual. Todos estos indicios, o sea, el hecho de tratarse de una acumulación de excitación; el de que la angustia, que probablemente corresponda a dicha excitación acumulada, sea de origen somático, siendo, por tanto, acumulada excitación somática; el de que esta excitación somática sea de naturaleza sexual, existiendo paralelamente una disminución en la participación psíquica en los procesos sexuales; todos estos indicios, repetimos, favorecen la sospecha de que *el mecanismo de la neurosis de angustia ha de ser buscado en la desviación de la excitación sexual somática, de lo psíquico, y en un consiguiente aprovechamiento anormal de dicha excitación.*

Podemos aclarar algo más de esta representación del mecanismo de la neurosis de angustia exponiendo las siguientes consideraciones sobre el proceso sexual, referentes, en primer lugar, al hombre. El organismo masculino, llegado ya a la madurez sexual, produce —probablemente de un modo continuo— excitación sexual somática, que, periódicamente, llega a constituir un estímulo psíquico. Para fijar mejor nuestras ideas intercalaremos aquí que esta excitación sexual somática se manifiesta bajo la forma de una presión sobre las paredes, provistas de nervios de las vesículas seminales, de manera que al crecer de continuo la excitación visceral llegará un momento en el que vencerá las resistencias opuestas a su llegada a la corteza cerebral y se exteriorizará como estímulo psíquico. En este momento queda cargado de energía el grupo de representaciones sexuales dado en la psique, y nace el estado psíquico de tensión libidinosa, estado que trae consigo el impulso a hacer cesar dicha tensión. Pero una tal descarga psíquica no es posible sino por un solo medio, al que daremos el nombre de *acto específico* o *adecuado*. Este acto adecuado consiste, para el instinto sexual masculino, en un complicado acto reflejo espinal, que tiene por consecuencia la descarga de los nervios antes indicados, y en todos los preparativos psíquicos necesarios para la producción de tal reflejo. Nada, que no sea el acto adecuado, puede lograr aquí eficacia, pues la excitación sexual somática se transforma continuamente, una vez alcanzado cierto nivel, en excitación psíquica. Tiene que sobrevenir necesariamente aquello que libera a las fibras nerviosas de la presión que sobre ellas gravita, suprimiendo con ella toda la excitación somática de momento existente, y permitiendo a la conducción subcortical restablecer su resistencia.

No queremos seguir representando de este modo casos complicados del proceso sexual. Nos limitaremos a afirmar que el esquema precedente puede aplicarse también en lo esencial a la mujer, no obstante, el problema que plantean las confusas y artificiales oscilaciones del instinto sexual femenino. También en la mujer hemos de admitir una excitación sexual somática y un estado en el que esta excitación se convierte en estímulo psíquico, en libido, y provoca el impulso hacia el acto específico, al cual se enlaza la sensación de voluptuosidad. Lo que no podemos indicar en la mujer es el proceso correspondiente a la distensión de las vesículas seminales.

Dentro de los límites de esta descripción del proceso sexual podemos integrar la etiología, tanto de la neurastenia auténtica como de la neurosis de angustia. La neurastenia surge siempre que la descarga adecuada (el acto adecuado) es sustituida por otra menos adecuada, esto es, siempre que el coito normal en condiciones favorables queda sustituido por la masturbación o la polución espontánea. A la neurosis de angustia llevan todos aquellos factores que impiden la elaboración psíquica de la excitación sexual somática. Los fenómenos de la neurosis de angustia surgen por el hecho de que la excitación sexual somática desviada de la psique se gasta subcorticalmente en reacciones nada adecuadas.

Intentaremos comprobar ahora si las condiciones etiológicas antes expuestas de la neurosis de angustia dejan reconocer el carácter común que hubimos de atribuirles. Para el hombre hemos fijado como primer factor etiológico la abstinencia. Consiste esta en la renuncia al acto específico que en todo otro caso sigue a la libido. Una tal renuncia tendrá dos consecuencias: la acumulación de excitación somática y la desviación de la misma por caminos distintos, por los cuales espera hallar una descarga antes que por el que pasa por la psique. Resultará así que la libido disminuirá, y se exteriorizará la excitación subcorticalmente en forma de angustia. Cuando la libido no disminuye, o es gastada la excitación somática en poluciones espontáneas o cesa de producirse al ser rechazada, puede surgir todo menos una neurosis de angustia. La abstinencia es igualmente el factor eficiente en el segundo grupo etiológico, o sea, en el de la excitación frustrada. El tercer caso, el del coito interrumpido realizado con el cuidado de que la mujer llegue a la satisfacción, actúa perturbando la disposición psíquica al curso sexual por introducir junto a la labor de dominar el efecto sexual una distinta labor psíquica, produciendo así una desviación de la psique. También esta desviación psíquica hace desaparecer paulatinamente la libido, siguiendo entonces el proceso, a partir de este punto, el mismo curso que en el caso de la abstinencia. La angustia que surge en la edad crítica del hombre precisa distinta explicación. En este caso no hay disminución de la libido, pero en cambio, tiene lugar, como durante el período climatérico de la mujer, un incremento de la producción de excitación somática, tan considerable que la psique resulta relativamente insuficiente para dominarla.

La subordinación de las condiciones etiológicas en la mujer al punto de vista indicado no opone tampoco grandes dificultades. El caso de la angustia virginal es especialmente claro. En él no se hallan todavía suficientemente desarrollados los grupos de representaciones a los que ha de enlazarse la excitación sexual somática. En las recién casadas anestésicas la angustia no surge sino cuando las primeras cohabitaciones despiertan una magnitud suficiente de excitación somática. Allí donde faltan los signos locales de una tal excitabilidad, falta también la angustia. El caso de la eyaculación precoz y el *coitus interruptus* se explica análogamente a como en el hombre, por el hecho de ir desapareciendo paulatinamente la libido correspondiente al acto psíquicamente insatisfactorio, mientras que la excitación correlativa es gastada subcorticalmente. En la mujer es más rápida y más difícil de suprimir que en el hombre la emergencia de un extrañamiento entre lo somático y lo psíquico durante el curso de la excitación sexual. El caso de la viudez o la abstinencia voluntaria y el de la edad crítica se resuelven en la mujer lo mismo que en el hombre, si bien en el de la abstinencia viene a agregarse la represión intencionada del círculo de representaciones sexuales, represión a la que con frecuencia se ve obligada la mujer abstinente que lucha contra la tentación. Análogamente, en la época de la menopausia ha de intervenir también la repugnancia que la mujer ya envejecida siente contra el exagerado incremento de su libido.

También las dos condiciones etiológicas expuestas en último lugar parecen subordinarse sin dificultad a nuestro nuevo punto de vista.

La tendencia a la angustia de los masturbadores, a quienes su vicio ha llevado a la neurastenia, se explica por la facilidad con que estos sujetos pasan al estado de "abstinencia", después de hallarse habituados durante mucho tiempo a proporcionar a toda excitación somática, por pequeña que fuese su magnitud, una descarga, si bien defectuosa. Por último, el caso final, o sea, la génesis de la neurosis de angustia a consecuencia de una grave enfermedad, de un esfuerzo agotador, de una larga asistencia a un enfermo, etc., resulta explicable por el hecho de que la desviación de la psique la hace insuficiente para dominar la excitación somática, labor que se le plantea de continuo. Sabemos ya cuán extraordinariamente puede disminuir la libido en estas condiciones, siendo estos casos un acabado ejemplo de neurosis, que si bien no presentan una etiología sexual, muestran, en cambio, un mecanismo de este orden.

La teoría aquí expuesta presenta en cierto modo los síntomas de la neurosis de angustia como subrogados de la acción específica omitida sobre la excitación sexual. En su apoyo recordemos ahora que también en el coito normal se gasta secundariamente la excitación en diversos fenómenos físicos, tales como palpitaciones, aceleración del ritmo respiratorio, sudores, congestión, etcétera. En el correspondiente ataque de angustia de nuestra neurosis nos hallamos ante tales mismos fenómenos separados del coito e intensificados.

Podría preguntársenos aún por qué la falta de capacidad psíquica para dominar la excitación sexual conduce al sistema nervioso al singular estado afectivo constituido por la angustia. A esta pregunta contestaremos que la psique es invadida por el afecto de angustia cuando se siente incapaz de suprimir, por medio de una reacción adecuada, un peligro procedente del exterior, y cae en la neurosis de angustia cuando se siente incapaz de hacer cesar la excitación (sexual) endógenamente nacida. Se conduce, pues, como si proyectase dicha excitación al exterior. El afecto y la neurosis a él correspondiente se hallan en íntima relación, siendo el primero la reacción a una excitación exógena, y la segunda, la reacción a la excitación endógena análoga. El afecto es un estado rápidamente pasajero, y la neurosis, un estado crónico, pues la excitación exógena actúa como un impulso único y la endógena como una fuerza constante. El sistema nervioso reacciona en las neurosis contra una fuente de excitación interior, del mismo modo que en el afecto correspondiente contra una excitación análoga exterior.

IV. Relaciones con otras neurosis

Expondremos aún algunas observaciones sobre las relaciones de la neurosis de angustia con las otras neurosis.

Los casos más puros de neurosis de angustia son también casi siempre los más marcados. Estos casos se dan en sujetos jóvenes y potentes, cuya enfermedad data de fecha próxima, y presentan una etiología unitaria.

De todos modos, es más frecuente la aparición conjunta y simultánea de síntomas de neurosis de angustia y otros de neurastenia, histeria, melancolía o neurosis obsesiva. Si ante esta mezcla clínica nos retrajésemos de reconocer a la neurosis obsesiva el carácter de una unidad independiente, tendríamos también que renunciar, obrando consecuentemente, a la separación, tan trabajosamente lograda, de la histeria y la neurastenia.

Con respecto al análisis de la "neurosis mixta" podemos sentar el siguiente importante principio: en todo caso de neurosis mixta puede descubrirse la existencia de una mezcla de varias etiologías específicas.

Esta multiplicidad de factores etiológicos, condición de la neurosis mixta, puede establecerse de un modo casual; por ejemplo, cuando una nueva acción nociva viene a sumar sus afectos a los de otra ya existente. Tal será el caso de una mujer histérica, que, al cierto tiempo de su matrimonio, comienza a practicar el coito interrumpido, y añade entonces a su histeria una neurosis de angustia. O el de un masturbador, a quien su vicio ha llevado a la neurastenia, y al que las excitaciones frustradas de un noviazgo ulterior hacen contraer como nueva enfermedad una neurosis de angustia.

En otros casos, la multiplicidad de factores etiológicos no obedece a la casualidad, siendo uno de tales factores el que ha hecho entrar en acción al otro. Así, una mujer con la que su marido realiza el coito interrumpido sin preocuparse de su satisfacción, y que se ve obligada a masturbarse después del coito insatisfactorio para acallar la penosa excitación residual. Esta sujeto, además de los síntomas de la neurosis de angustia, fruto de la práctica del coito interrumpido, mostrará otros neurasténicos, producto de la masturbación. O también, la excitación residual del coito interrumpido provocará en la sujeto ideas voluptuosas, contra las cuales querrá defenderse, y contraerá así, además de la neurosis de angustia, representaciones obsesivas. O, por último, la práctica del coito interrumpido le hará perder el amor a su marido y experimentar una nueva inclinación, que mantendrá cuidadosamente secreta, mostrando entonces una mezcla de neurosis de angustia e histeria.

En una tercera categoría de neurosis mixtas es aún más íntima la conexión de los síntomas, siendo una misma condición etiológica la que inicia regular y simultáneamente las dos neurosis. Así, la súbita revelación sexual, causa de la angustia virginal, engendra siempre también histeria, y la inmensa mayoría de los casos de abstinencia voluntaria se enlazan desde un principio con representaciones obsesivas. Igualmente, el coito interrumpido sin satisfacción para el hombre no puede engendrar nunca, a nuestro parecer, una neurosis de angustia pura, sino siempre una mezcla de neurosis de angustia y neurastenia.

De estas reflexiones resulta que es necesario diferenciar también de las condiciones etiológicas de la aparición de las neurosis sus factores etiológicos específicos. Las primeras

—por ejemplo, el coito interrumpido, la masturbación y la abstinencia— presentan aún múltiples facetas y cada una de ellas puede producir distintas neurosis. Sólo los factores etiológicos de ellas abstraídos, tales como la descarga inadecuada, la insuficiencia psíquica y la defensa con sustitución, poseen una relación específica e inequívoca con la etiología de cada una de las diversas grandes neurosis.

Por lo que respecta a su esencia, muestra la neurosis de angustia interesantísimas coincidencias y disparidades con las otras grandes neurosis, especialmente con la neurastenia y la histeria. Con la neurastenia comparte un principalísimo carácter, el de radicar la fuente de la excitación, o sea, el motivo de la perturbación, en el terreno somático y no en el psíquico, como sucede en la histeria y en la neurosis obsesiva. Por lo demás, se advierte más bien una especie de oposición entre los síntomas de la neurastenia y los de la neurosis de angustia, oposición que puede expresarse sintéticamente con la antítesis "acumulación—disminución de la excitación". Esta antítesis no impide que las dos neurosis se mezclen entre sí, pero se muestran en el hecho de que en ambas los casos extremos son también los más puros.

Con la histeria muestra la neurosis de angustia una serie de coincidencias sintomatológicas aún poco estudiada. La aparición de los fenómenos, bien como síntomas duraderos, bien en ataques; las parestesias, agrupadas a modo de aura; las hiperestesias y puntos sensibles que se muestran en ciertos subrogados del ataque de angustia, en la disnea y en el ataque cardíaco, la intensificación de los dolores quizá orgánicamente justificados (por medio de la conversión); estos y otros caracteres comunes hacen incluso suponer que mucho de lo que atribuimos a la histeria debería serlo a la neurosis de angustia. Pasando al mecanismo de ambas neurosis, en cuanto hasta ahora nos ha sido posible descubrirlo, hallamos ciertos caracteres que nos permiten considerar la neurosis de angustia como la contrapartida somática de la histeria. Tanto en una como en otra se trata de una acumulación de la excitación, paridad en la que se basa quizá la analogía antes descrita de los síntomas. En ambas se da también una insuficiencia psíquica, a consecuencia de la cual surgen procesos somáticos anormales. Por último, también en las dos surge, en lugar de una elaboración psíquica, una desviación de la excitación hacia lo somático, con la única diferencia de que la excitación en cuya desviación se manifiesta la neurosis es en la neurosis de angustia puramente somática (la excitación sexual somática) y en la histeria psíquica (provocada por un conflicto). No podemos, pues, extrañar que la histeria y la neurosis de angustia se combinen regularmente entre sí, como sucede en la "angustia virginal" o en la "histeria sexual", ni que la histeria tome de la neurosis de angustia toda una serie de síntomas. Estas íntimas relaciones de la neurosis de angustia con la histeria proporcionan un nuevo argumento para la necesidad de separar la neurosis de angustia de la neurastenia, pues rechazando esta separación no podemos tampoco mantener la diferenciación que tan imprescindible nos es entre la neurastenia y la histeria.

Estudio comparativo de las parálisis motrices orgánicas e histéricas

Charcot, cuyo alumno fui en 1885 y 1886, me confió en esta época la labor de realizar un estudio comparativo de las parálisis motrices orgánicas e histéricas, basado en las observaciones efectuadas en la Salpêtrière y encaminado a descubrir algunos caracteres generales de la neurosis y a conducirnos a una concepción de la naturaleza de tal enfermedad. Causas accidentales y personales me han impedido durante mucho tiempo obedecer a su inspiración. De este modo no quiero aportar ahora sino algunos resultados de mis investigaciones, dejando a un lado los detalles necesarios para una demostración completa de mis opiniones.

I

Habremos de comenzar por algunas observaciones generalmente admitidas sobre las parálisis motrices orgánicas. La clínica nerviosa reconoce dos clases de parálisis motrices: la parálisis periférico-espinal (o bulbar) y la parálisis cerebral. Esta distinción armoniza perfectamente con los datos de la anatomía del sistema nervioso, los cuales nos demuestran que no hay en el recorrido de las fibras conductoras motrices sino dos segmentos: uno que va desde la periferia hasta las células de los cuernos anteriores de la médula, y otro, que va desde ellos hasta la corteza cerebral.

La nueva histología del sistema nervioso, fundada en los trabajos de Golgi, Ramón y Cajal, Koelliker, etc., traduce estos hechos, diciendo que "el trayecto de las fibras de conducción motrices se halla constituido por dos neuronas (unidades nerviosas célulofibrilares), que se encuentran para entrar en relación al nivel de las células llamadas motrices de los cuernos anteriores". Clínicamente, la diferencia esencial de estas dos clases de parálisis está en que *la parálisis periférico-espinal es una parálisis detallada y la parálisis cerebral es una parálisis conjunta*. El tipo de la primera es la parálisis facial en la enfermedad de Bell, la parálisis en la poliomielitis aguda de la infancia, etc. Ahora bien: en estas afecciones cada músculo, e incluso podríamos decir cada fibra muscular, puede quedar paralizado individual y aisladamente. Ello no depende sino de la situación y la extensión de la lesión nerviosa, no existiendo regla fija alguna para que uno de los elementos periféricos escape a la parálisis, mientras otro la padece de un modo constante.

Por el contrario, la parálisis cerebral es siempre una afección que ataca a una gran parte de la periferia, una extremidad, un segmento de esta o un complicado aparato motor. Jamás se limita a afectar individualmente a un músculo; por ejemplo, el bíceps del brazo o el tibial, aisladamente, y si existen aparentes excepciones a esta regla (la ptosis cortical, por ejemplo), se ve muy bien que se trata de músculos que realizan por sí solos una función de la cual son el único instrumento.

En las parálisis cerebrales de las extremidades podemos observar que los segmentos periféricos sufren siempre más que los próximos al centro. Así, la mano se muestra más paralizada que el hombro. No hay, que yo sepa, una parálisis cerebral aislada del hombro, conservando la mano su motilidad, mientras que lo contrario es regla general en las parálisis que no son completas.

En un estudio sobre las afasias (Viena, 1891) he intentado demostrar que la causa de esta importante diferencia entre la parálisis periférico-espinal y la parálisis cerebral debe ser buscada en la estructura del sistema nervioso. Cada elemento de la periferia corresponde a un elemento en el eje gris, que es, según las palabras de Charcot, su *aboutissement* nervioso. La periferia es, por decirlo así, proyectada punto por punto y elemento por elemento sobre la sustancia gris de la médula. Así, proponemos denominar a la parálisis periférico-espinal detallada *parálisis de proyección*. No sucede, en cambio, lo mismo por lo que respecta a las relaciones entre los elementos de la médula y los de la corteza. El número de fibras conductoras no bastaría para establecer una segunda proyección de la periferia sobre la corteza. Hemos de suponer que las fibras que van de la médula a la corteza no representan ya cada una a un solo elemento periférico, sino más bien a un grupo de ellos, y que, por otra parte, un elemento periférico puede corresponder a varias fibras conductoras espino-corticales. Existe, en efecto, un cambio de ordenación que ha tenido efecto en el punto de conexión entre los dos segmentos del sistema motor.

Así, pues, la reproducción de la periferia en la corteza no es ya una reproducción exacta punto por punto ni una verdadera proyección, sino una relación por medio de fibras, a las que podemos calificar de representativas. En consecuencia, proponemos para la parálisis cerebral el nombre de *parálisis de representación*.

Naturalmente, cuando la parálisis de proyección es total y de una gran extensión, es también una parálisis de conjunto, quedando así desvanecido su gran carácter distintivo. Por otra parte, la parálisis cortical, que se distingue entre las parálisis cerebrales por su mayor aptitud de disociación, presenta, sin embargo, siempre el carácter de una parálisis de representación.

Las demás diferencias entre las parálisis de proyección y de representación son harto conocidas. De ellas, citaremos la integridad de la nutrición y de la reacción eléctrica en la última de dichas dos enfermedades. Aunque muy importantes clínicamente, no tienen estos signos el alcance teórico que hemos de adscribir al primer carácter diferencial por nosotros recogido, o sea, la distinción entre parálisis detallada y parálisis conjunta.

Se ha atribuido con gran frecuencia a la histeria la facultad de *simular* las afecciones nerviosas orgánicas más diversas. Se trata de saber si de un modo más preciso simula los caracteres de las dos clases de parálisis orgánicas; esto es, si hay parálisis histéricas de proyección y parálisis histéricas de representación, como en la sintomatología orgánica. Resalta aquí un primer hecho importante: la histeria no simula jamás las parálisis periférico-espinales y de proyección; las parálisis histéricas comparten tan sólo los caracteres de las parálisis orgánicas de representación. Es este un hecho muy interesante, puesto que la parálisis de Bell, la parálisis radial, etc., se cuentan entre las afecciones más comunes del sistema nervioso.

Creo conveniente hacer constar, para evitar toda confusión, que trato aquí exclusivamente de la parálisis histérica fláccida y no de la contractura histérica. Me parece imposible someter la parálisis y la contractura histérica a las mismas reglas. Sólo refiriéndonos a las parálisis histéricas fláccidas podemos sostener que no afectan jamás a un único músculo, excepto en el caso en que este músculo es el instrumento único de una función, que son siempre parálisis totales y que corresponden en este sentido a la parálisis de representación o cerebral orgánica. Además, en lo que concierne a la nutrición de las partes paralizadas y a sus reacciones eléctricas, la parálisis histérica presenta los mismos caracteres que la parálisis cerebral orgánica.

Si la parálisis histérica se enlaza así a la parálisis cerebral y, particularmente, a la parálisis cortical, que presenta una mayor facilidad de disociación, no deja tampoco de distinguirse de ellas por caracteres importantes. En primer lugar, no aparece sometida a la regla constante en las parálisis cerebrales orgánicas de que el segmento periférico resulta siempre más afectado que el segmento central. En la histeria, el hombro o muslo pueden aparecer más paralizados que la mano o el pie. No es nada difícil producir artificialmente una parálisis aislada del muslo, de la pierna, etc., y la clínica nos presenta con bastante frecuencia estas parálisis aisladas contrariamente a las reglas de la parálisis orgánica cerebral.

En este importante sentido la parálisis histérica es, por decirlo así, intermedia entre la parálisis de proyección y la parálisis de representación orgánica. Si no posee todos los caracteres de disociación y de aislamiento propios de la primera, tampoco se halla sujeta a las estrictas leyes que rigen la parálisis cerebral.

Con estas restricciones podemos sostener que la parálisis histérica es también una parálisis de representación, pero de una representación especial, cuya característica falta aún por hallar[20].

[20] Haremos observar, de pasada, que aquel importante carácter de la parálisis de la pierna, que Charcot hizo resaltar después de Todd, esto es, el de que el histérico arrastra la pierna como una masa inerte en lugar de ejecutar la circunducción con la cadera que realiza el hemipléjico ordinario, se explica fácilmente por la propiedad antes mencionada de la neurosis. En la hemiplejia orgánica, la parte central de la extremidad se halla siempre algo indemne; el enfermo puede mover la cadera y utiliza esta posibilidad para aquel movimiento de circunducción que hace avanzar la pierna. En la histeria, la parte central (la cadera) no goza de este privilegio; su parálisis es tan completa como la de la parte periférica, y, en consecuencia, la pierna tiene que ser arrastrada en su totalidad.

II

Para avanzar en la dirección antes indicada me propongo estudiar los demás rasgos distintivos entre la parálisis histérica y la parálisis cortical, el tipo más perfecto de la parálisis cerebral orgánica. Hemos mencionado ya el primero de tales caracteres distintivos, o sea, el de que la parálisis histérica puede aparecer más disociada y sistematizada que la parálisis cerebral. Los síntomas de la parálisis orgánica se nos muestran en la histeria como fragmentados. De la hemiplejía común orgánica (parálisis de los miembros superior e inferior y del facial inferior), la histeria no reproduce sino la parálisis de los miembros, e incluso disocia con gran frecuencia y con la mayor facilidad la parálisis del brazo de la pierna, presentándolas separadas en forma de monoplejías. Del síndrome de la afasia orgánica reproduce la afasia motriz en estado de aislamiento, y, cosa inaudita en la afasia orgánica, puede crear una afasia total (motriz y sensitiva) para un idioma determinado, sin atacar en absoluto la facultad de comprender y articular otro distinto, fenómeno observado por mí en varios casos aún inéditos. Este mismo poder de disociación se manifiesta en las parálisis aisladas de un segmento de miembro, con integridad completa de todas las partes restantes del mismo, o también en la abolición completa de una función (abasia, astasia), con integridad de otra función ejecutada por los mismos órganos. Esta disociación es aún más sorprendente cuando la función respetada es la más compleja, pues en la sintomatología orgánica, cuando existe una debilitación desigual de varias funciones, es siempre la función más compleja y posteriormente adquirida la más atacada a consecuencia de la parálisis.

La parálisis histérica presenta, además, otro carácter, que es como la rúbrica de la neurosis, y que viene a agregarse al anteriormente indicado. En efecto, como varias veces lo he oído al propio Charcot, la histeria es una enfermedad de manifestaciones excesivas, que entraña una tendencia a producir sus síntomas con la mayor intensidad posible. Es este un carácter que no se muestra únicamente en las parálisis, sino también en las contracturas y anestesias. Sabido es hasta qué grado de contorsión pueden llegar las contracturas histéricas, casi sin igual en la sintomatología orgánica. Conocemos también cuán frecuentes son en la histeria las anestesias absolutas y profundas, de las cuales no pueden reproducir las lesiones orgánicas sino un débil esquema. Lo mismo sucede con las parálisis. Con frecuencia son absolutas en un grado insuperable: el afásico no prefiere una sola palabra, mientras que el afásico orgánico conserva casi siempre algunas sílabas, el "sí" y el "no", una interjección, etc.; el brazo paralizado cuelga absolutamente inerte, etc. Este carácter es demasiado conocido para que insistamos en él. Por el contrario, sabemos que en la parálisis orgánica la *parexia* es siempre más frecuente que la parálisis absoluta.

La parálisis histérica es, pues, de una *limitación exacta* y de una *intensidad excesiva*. Posee estas dos cualidades a la vez, y contrasta así máximamente con la parálisis cerebral orgánica, en la cual *no se asocian nunca estos dos caracteres*. También en la sintomatología orgánica existen monoplejías, pero son siempre monoplejías *a posteriori* y no delimitadas exactamente. Si el brazo se halla paralizado a consecuencia de una lesión cortical orgánica, hay casi siempre ataque concomitante menor del facial y de la pierna, y si esta complicación no se ve ya en un momento dado, ha existido siempre al principio de la enfermedad. La monoplejía cortical es siempre, a decir verdad, una hemiplejía, alguna de cuyas partes aparece más o menos borrosa, pero siempre reconocible. Para ir más allá, supongamos que la parálisis no haya afectado más que al brazo, esto es, que se trate de una monoplejía cortical pura. Veremos, entonces, que la parálisis es de una intensidad moderada. En cuanto esta monoplejía aumente en intensidad, convirtiéndose en parálisis absoluta, perderá su carácter de monoplejía pura y aparecerá acompañada de perturbaciones motoras de la pierna o el rostro. *No puede hacerse absoluta y permanecer a la vez limitada.*

En cambio, nos muestra de continuo la clínica que tal simultaneidad puede darse muy bien en la parálisis histérica. Esta parálisis afecta, por ejemplo, al brazo de un modo exclusivo, sin que encontremos el menor indicio de ella en la pierna ni en la cara. Además, al nivel del brazo es tan fuerte como lo pueda ser otra parálisis cualquiera. Esto constituye una sorprendente diferencia con la parálisis orgánica; diferencia que da mucho que pensar.

Naturalmente, hay casos de parálisis histérica en los cuales la intensidad no es excesiva, ni ofrece la disociación nada singular. Estos los reconocemos por otros caracteres, pero son casos que no presentan el sello típico de la neurosis y que, no pudiendo darnos ningún dato sobre la naturaleza de la misma, no poseen interés ninguno desde el punto de vista aquí adoptado.

Añadiremos algunas observaciones de importancia secundaria y que incluso van más allá de los límites de nuestro tema.

En primer lugar, haremos constar que las parálisis histéricas aparecen acompañadas de perturbaciones de la sensibilidad con mucha más frecuencia que las parálisis orgánicas. En general, tales perturbaciones son más profundas y frecuentes en la neurosis que en la sintomatología orgánica. Nada más común que la anestesia o la analgésica histéricas. Recuérdese, en cambio, con qué tenacidad persiste la sensibilidad en los casos de lesión nerviosa. Si seccionamos un nervio periférico, la anestesia será menos en extensión e intensidad de lo que podía esperarse. Si una lesión inflamatoria ataca los nervios espinales o los centros de la médula, hallaremos siempre que la motilidad sufre en primer lugar y que la sensibilidad permanece indemne o queda tan sólo algo debilitada, pues persisten siempre en alguna parte elementos nerviosos que no se hallan totalmente desnutridos. En los casos de lesión cerebral, conocemos la frecuencia y la duración de la hemiplejía motriz, mientras que la hemianestesia concomitante es indistinta, fugaz, y no aparece en todos los enfermos. Sólo algunas localizaciones completamente especiales pueden producir una afección de la sensibilidad, intensa y duradera, e incluso este hecho no está exento de dudas.

Esta manera de ser de la sensibilidad, diferente en las lesiones orgánicas y en la histeria, no es aún explicable hoy en día. Parece existir aquí un problema, cuya solución nos revelaría quizá la naturaleza íntima de las cosas.

Otro punto que me parece digno de mención es la existencia de algunas formas de parálisis cerebral que no aparecen realizadas en la histeria, como tampoco las parálisis periférico-espinales de proyección. Débese citar, en primer término, la parálisis del facial inferior, la manifestación más frecuente de una afección orgánica del cerebro, y permitiéndonos pasar por un momento a las parálisis sensoriales, la hemianopsia lateral homónima. Sabemos que es una temeridad querer afirmar que un determinado síntoma no se encuentra en la histeria, cuando las investigaciones de Charcot y de sus alumnos descubren en ella, casi cotidianamente, síntomas nuevos insospechados antes. Pero no es preciso tomar las cosas tal y como actualmente se hallan. La parálisis facial histérica es muy discutida por Charcot, y si hemos de creer a los partidarios de este hombre de ciencia, se trata de un fenómeno extraordinariamente raro. La hemianopsia no ha sido aún vista en la histeria, y a nuestro juicio, no lo será jamás.

Pero ahora, ¿de dónde viene que las parálisis histéricas, no obstante simular muy precisamente las parálisis corticales, difieren de ellas en los rasgos distintivos que hemos intentado enumerar? ¿Y cuál es el carácter general de la representación general al que habremos de enlazarlas? La respuesta a estas interrogantes contendría una parte muy considerable e importante de la teoría de la neurosis.

III

No cabe ya la menor duda sobre las condiciones que dominan la sintomatología de la parálisis cerebral. Tales condiciones están constituidas por los hechos de la anatomía, la construcción del sistema nervioso, la distribución de sus vasos y la relación entre estas dos series de hechos y las circunstancias de la lesión. Hemos dicho que el menor número de fibras que van desde la médula a la corteza, en comparación con el número de fibras que van desde la periferia a la médula, es la base de la diferencia entre la parálisis de proyección y la de representación. Igualmente, todo detalle clínico de la parálisis de representación puede hallar su explicación en un detalle de la estructura cerebral, e inversamente, podemos deducir la construcción del cerebro de los caracteres clínicos de las parálisis. Creemos, pues, en la existencia de un perfecto paralelismo entre estas dos series.

De este modo, si para la parálisis cerebral común no hay una gran facilidad de disociación, es porque las fibras de conducción motrices se hallan, en un largo trecho de su trayecto intracerebral, demasiado próximas para ser lesionadas separadamente. Si la parálisis cortical muestra una mayor tendencia a las monoplejías, es porque el diámetro del haz conductor braquial, crural, etcétera, va creciendo hasta la corteza. Si de todas las parálisis corticales es la de la mano la más completa, ello proviene, a nuestro juicio, de que la relación crucial entre el hemisferio y la periferia es para la mano más exclusiva que para cualquier otra parte del cuerpo. Si el segmento periférico de una extremidad sufre más de la parálisis que el segmento central, supondremos que las fibras representativas del segmento periférico son mucho más numerosas que las del segmento central, de manera que la influencia cortical se hace más importante para el primero que para el segundo. Si las lesiones algo extensas de la corteza no llegan a producir monoplejías puras, concluimos que los centros motores existentes sobre la corteza no se hallan precisamente separados entre sí por campos neutrales, o que existen acciones a distancia que anularían el efecto de una separación exacta de los centros.

Igualmente, si en la afasia orgánica hay siempre una mezcla de perturbaciones de distintas funciones, ello se explica por el hecho de que todos los centros del lenguaje se hallan alimentados por ramas de la misma arteria, o si se acepta la opinión enunciada en mi estudio crítico sobre la afasia, por la circunstancia de no tratarse de centros separados, sino de un territorio continuo de asociación.

Las singulares asociaciones que tan frecuentemente se observan en la clínica de las parálisis corticales —afasia motriz y hemiplejía derecha, alexia y hemianopsia derecha— se explican por la vecindad de los centros lesionados. La hemianopsia misma, síntoma muy curioso y extraño para el espíritu no científico, no se comprende sino por el entrecruzamiento de las fibras del nervio óptico en el quiasma, constituyendo la expresión clínica del mismo, como todos los detalles de las parálisis cerebrales constituyen la expresión clínica de un hecho anatómico.

Dado que no puede haber sino una sola anatomía cerebral verdadera, y esta ha de hallar su expresión en los caracteres clínicos de las parálisis cerebrales, es evidentemente imposible que tal anatomía pueda explicar los rasgos distintivos de la parálisis histérica. Por esta razón, no es admisible deducir para la anatomía cerebral conclusiones basadas en la sintomatología de estas parálisis.

Seguramente es necesario tener en cuenta la naturaleza de la lesión para obtener esta espinosa explicación. En las parálisis orgánicas, la naturaleza de la lesión desempeña un papel secundario, siendo más bien la extensión y la localización de la lesión las que en las condiciones estructurales dadas del sistema nervioso producen los caracteres antes indicados, de la parálisis orgánica. ¿Cuál podrá ser en la parálisis histérica la naturaleza de la lesión que por sí sola domina la situación, independientemente de la localización, de la extensión de la lesión y de la anatomía del sistema nervioso?

Charcot afirma repetidamente que se trata de una lesión cortical, pero puramente dinámica o funcional.

Es esta una tesis de la que se comprende bien el lado negativo. Equivale a afirmar que en la autopsia no se hallará modificación alguna apreciable de los tejidos. Pero desde un punto de vista más positivo, su interpretación está muy lejos de hallarse exenta de equívocos. ¿Qué es, en efecto, una lesión dinámica? Estoy seguro que muchos lectores de Charcot creen que la lesión dinámica es, desde luego, una lesión, pero una lesión de la cual no se encuentra en el cadáver huella alguna, como un edema, una anemia o una hiperemia activa. Pero tales lesiones existen y son verdaderas lesiones orgánicas, aunque no persistan después de la muerte y sean ligeras y fugaces. Es necesario que las parálisis producidas por lesiones de este orden compartan en todo los caracteres de la parálisis orgánica. El edema y la anemia no podrían, mejor que la hemorragia y el reblandecimiento, producir la disociación y la intensidad de las parálisis histéricas. La única diferencia sería que la parálisis por el edema, por la constricción vascular, etc., debe ser menos duradera que la parálisis por destrucción del tejido nervioso. Todas las demás condiciones les son comunes, y la anatomía del sistema nervioso determinará las propiedades de la parálisis, lo mismo en los casos de anemia fugaz que en los de anemia permanente y definitiva.

No creo que estas observaciones sean del todo gratuitas. Si leemos que "debe de existir una lesión histérica" en tal o cual centro, el mismo cuya lesión orgánica produciría el síndrome orgánico correspondiente, y recordamos que se ha tomado la costumbre de localizar la lesión histérica dinámica del mismo modo que la lesión orgánica, nos inclinaremos a creer que bajo el término de "lesión orgánica" se esconde la idea de una lesión como el edema o la anemia, que son, realmente, afecciones orgánicas pasajeras. Por el contrario, afirmo yo que la lesión de las parálisis histéricas debe ser completamente independiente de la anatomía del sistema nervioso, puesto que la histeria se comporta en sus parálisis y demás manifestaciones como si la anatomía no existiese o como si no tuviese ningún conocimiento de ella.

Muchos de los caracteres de las parálisis histéricas justifican en verdad esta afirmación. La histeria ignora la distribución de los nervios, y de este modo no simula las parálisis periférico-espinales o de proyección. No conoce el quiasma de los nervios ópticos, y, por lo tanto, no produce la hemianopsia. Toma los órganos en el sentido vulgar, popular, del nombre que llevan: la pierna es la pierna hasta la inserción de la cadera, y el brazo es la extremidad superior, tal y como se dibuja bajo los vestidos. No hay razón para unir a la parálisis del brazo la parálisis del rostro. El histérico que no sabe hablar carece de motivo para olvidar la inteligencia del lenguaje, puesto que la afasia motriz y la sordera verbal no poseen afinidad ninguna para la noción popular, etc. No puedo sino asociarme plenamente en este punto a la opinión que Janet ha expuesto en los últimos números de los *Archivos de Neurología*. Las parálisis histéricas la demuestran tan bien como las anestesias y los síntomas psíquicos.

IV

Intentaré, por último, exponer *cómo podría* ser la lesión causa de las parálisis histéricas. No quiere esto decir que vaya a mostrar cómo, de hecho, es tal lesión. Trátase tan sólo de indicar la trayectoria mental, susceptible de conducir a una concepción que no contradiga las propiedades de la parálisis histérica, en cuanto difiere de la parálisis orgánica cerebral.

Tomaremos los términos "lesión funcional o dinámica" en su sentido propio de "alteración de una función o de un dinamismo", o alteración de una propiedad funcional. Una tal alteración sería, por ejemplo, la disminución de la excitabilidad o de una cualidad fisiológica, que en estado normal permanecen constantes o varían dentro de límites determinados.

Se nos dirá quizá que nada nos impide considerar la alteración funcional como uno de los aspectos de la alteración orgánica. Así, una anemia pasajera del tejido nervioso disminuirá su excitabilidad.

Mas, por nuestra parte, intentaremos demostrar que puede haber alteración funcional sin lesión orgánica concomitante, o, por lo menos, sin lesión reconocible, aun por medio del más sutil análisis. O, dicho de otro modo: intentaremos dar un ejemplo apropiado de una alteración funcional primitiva. No pedimos para hacerlo más que el permiso de pasar al terreno de la Psicología, imposible de eludir cuando de la histeria se trata.

Con Janet, afirmamos que en las parálisis histéricas, como en las anestesias, es la concepción vulgar, popular, de los órganos y del cuerpo en general la que entra en juego. Esta concepción no se funda en un conocimiento profundo de la anatomía nerviosa, sino en nuestras percepciones táctiles y, sobre todo, visuales. Si tal concepción es la que determina los caracteres de la parálisis histérica, esta última deberá mostrarse ignorante de toda noción de la anatomía del sistema nervioso e independiente de ella. La lesión de la parálisis histérica será, pues, una alteración, por ejemplo, de la concepción o idea del brazo. Pero ¿de qué clase es esta alteración para producir la parálisis?

Considerada psicológicamente, la parálisis del brazo consiste en que la concepción del brazo queda imposibilitada de entrar en asociación con las demás ideas que constituyen el *yo*, del cual el cuerpo del individuo forma una parte importante. La lesión sería, pues, *la abolición de la accesibilidad asociativa de la concepción del brazo*. El brazo se comporta como si no existiese para el juego de las asociaciones. Seguramente, si las condiciones materiales que corresponden a la concepción del brazo se encuentran profundamente alteradas, tal concepción se perderá también, pero habremos de demostrar que puede ser inaccesible sin hallarse destruida y sin que su sustrato material (el tejido nervioso de la región correspondiente de la corteza) se halle lesionado.

Comenzaremos por algunos ejemplos tomados de la vida social. Conocida es la historia cómica del súbdito entusiasta que juró no volver a lavarse la mano que su rey se había dignado estrechar. La relación de su mano con la idea del rey parece tan importante a la vista psíquica del individuo, que él mismo rehúsa hacerla entrar en otras relaciones. Al mismo impulso obedecemos nosotros cuando rompemos la copa en la que hemos bebido a la salud de unos recién casados. Asimismo, las antiguas tribus salvajes, que con el cadáver de su jefe quemaban su caballo, sus armas, e incluso sus mujeres, obedecían a esta idea de que nadie debía tocarlos después de él. El motivo de todos estos actos es bien transparente. El valor afectivo que atribuimos a la primera asociación de un objeto nos impide hacerlo entrar en una nueva asociación con otro, y de este modo hace inaccesible a la asociación la idea de tal objeto.

En los dominios de la psicología de las concepciones sucede algo idéntico. Si la concepción del brazo ha entrado en una asociación de un gran valor afectivo, será inaccesible al libre juego de las demás asociaciones. El *brazo quedará paralizado en proporción a la persistencia de dicho valor afectivo o de su disminución por medios psíquicos apropiados.* Tal es la solución del problema que antes planteamos, pues, en todos los casos de parálisis histérica se comprueba que el órgano paralizado o la función abolida se hallan en una asociación subconsciente provista de un gran valor afectivo, y se puede demostrar que el brazo queda libre en cuanto dicho valor afectivo es hecho desaparecer. En este punto, la concepción del brazo existe en el sustrato material, pero no es accesible a los impulsos y asociaciones conscientes, porque toda su afinidad asociativa se halla integrada en una asociación subconsciente con el recuerdo del suceso traumático que ha producido la parálisis.

Charcot ha sido el primero en enseñarnos que para la explicación de la neurosis histérica es preciso recurrir a la Psicología. En nuestra Memoria preliminar sobre el mecanismo psíquico de los fenómenos histéricos[21] hemos seguido Breuer y yo su ejemplo. En esta Memoria demostramos que los síntomas permanentes de la histeria llamada no traumática se explican (excepción hecha de los estigmas) por el mismo mecanismo que Charcot ha reconocido en las parálisis traumáticas. Pero exponemos también la razón por la cual estos síntomas persisten y pueden ser curados por medio de un procedimiento especial de psicoterapia hipnótica. Todo suceso, toda impresión psíquica, se hallan provistos de un cierto valor afectivo,

[21] Véase el tomo X de estas *Obras Completas.*

del cual se libertó el *yo*, bien por medio de una reacción motriz, bien mediante una labor psíquica asociativa. Si el individuo no puede o no quiere poner en práctica estos medios, el recuerdo de la impresión de que se trate adquirirá la importancia de un trauma y se constituirá en causa de síntomas permanentes de histeria. La imposibilidad de la eliminación se impone cuando la impresión permanece en lo subconsciente. Esta es la teoría a la que hemos dado el nombre de "derivación por reacción de los incrementos de estímulo".

En resumen, de acuerdo con la opinión general que sobre la histeria hemos formado, según las enseñanzas de Charcot, hemos de aceptar que la lesión existente en las parálisis histéricas no consiste sino en la inaccesibilidad de la concepción del órgano o de la función para las asociaciones del *yo* consciente; que esta alteración, puramente funcional (con integridad de la concepción misma), es causada por la permanencia de esta concepción en una asociación subconsciente con el recuerdo del trauma, y que esta concepción no se libera y hace accesible en tanto que el valor afectivo del trauma psíquico no ha sido eliminado por medio de la reacción motriz adecuada o del trabajo psíquico consciente. De todos modos, aunque este mecanismo no tenga afecto y sea siempre necesaria para la parálisis histérica una idea autosugestiva directa, como en los casos traumáticos de Charcot, habremos conseguido mostrar de qué naturaleza *debería ser* en la parálisis histérica la lesión, o más bien la alteración, para explicar sus diferencias con la parálisis orgánica cerebral.

Obsesiones y fobias. Su mecanismo psíquico y etiología

Comenzaremos por negar dos aserciones muy frecuentemente repetidas con relación a los síntomas objeto de este estudio, o sea, a las obsesiones y las fobias. Es preciso afirmar: primero, que no forman parte de la neurastenia propiamente dicha, puesto que los enfermos atacados de estos síntomas son unas veces neurasténicos y otras no; y segundo, que no es exacto hacerlos depender de la degeneración mental, pues los hallamos en personas no más degeneradas que la mayoría de los neuróticos, y, además, suelen corregirse, e incluso en algunas ocasiones curarse.

Las obsesiones y las fobias son neurosis aparte, de un mecanismo especial y de una etiología que en un cierto número de casos me ha sido posible descubrir; mecanismo y etiología que espero volver a hallar en un gran número de casos nuevos.

Para mejor delimitar nuestro tema dejaremos a un lado una cierta clase de obsesiones intensas, que no son sino recuerdos, imágenes no alteradas de sucesos importantes. Citaré como ejemplo la obsesión de Pascal, que creía ver abrirse un abismo a su izquierda "desde el día en que la carroza en que iba estuvo a punto de volcar y precipitarse en el Sena". Estas obsesiones y estas fobias, que podríamos calificar de traumáticas, se enlazan a los síntomas de la histeria.

Una vez separado este grupo, es necesario distinguir otros dos: *A)* las obsesiones propias; y *B)* las fobias. Su diferencia esencial es la siguiente:

En toda obsesión hay dos elementos: primero, una idea que se impone al enfermo; segundo, un estado emotivo asociado. Ahora bien: en las fobias, este estado emotivo es siempre la angustia, mientras que en las obsesiones propias puede ser igualmente cualquier otro, tal como la duda, el remordimiento o la cólera. Ante todo, trataré de explicar el mecanismo psicológico, verdaderamente singular, de las obsesiones propias, muy diferente del de las fobias.

I

En muchas obsesiones verdaderas es evidente que el estado emotivo es lo principal, puesto que persiste inalterado, variando, en cambio, la idea a él asociada. Así, la sujeto de nuestra observación número 1 tenía remordimientos muy varios: de haber robado, de haber maltratado a sus hermanas, de haber fabricado moneda falsa, etcétera. Igualmente, las personas que dudan, dudan de muchas cosas a la vez y sucesivamente. El estado emotivo permanece en estos casos invariable, mutando, en cambio, la idea. En otros es esta también fija, como en la muchacha de nuestra observación número 4, que profesaba un odio incomprensible a todas las criadas de la casa, cambiando, no obstante, de persona.

Pues bien, un escrupuloso análisis psicológico de estos casos muestra que el estado *emotivo como tal está siempre justificado*. La muchacha número 1, que siente remordimientos, tiene suficientes motivos para ello; las mujeres de la observación número 3, que dudaban de su resistencia contra las tentaciones, sabían muy bien por qué, y la muchacha número 4, que detestaba a las criadas, tenía perfecta razón para quejarse de ellas. El sello patológico de estos casos consiste, pues, únicamente en los dos singulares caracteres siguientes: primero, que el estado emotivo se ha eternizado, y segundo, que la idea asociada no es ya la idea justa, la idea original relacionada con la etiología de la obsesión, sino una idea sustitutiva de la misma.

Prueba de ello es que en los antecedentes del enfermo, y en la época inicial de la obsesión, puede hallarse siempre la idea original, después sustituida. Tales ideas sustituidas tienen caracteres comunes, correspondiendo a impresiones verdaderamente penosas de la vida sexual del individuo, que este se ha esforzado en olvidar, sin conseguir más que reemplazar la idea inconciliable por otra poco apropiada para asociarse al estado emotivo, el cual, por su parte, ha permanecido sin alteración. A esta forzosa conexión del estado emotivo y la idea asociada es a la que se debe el carácter absurdo de las obsesiones. Expondré aquí mis observaciones y daré luego como conclusión una tentativa de explicación teórica.

Observación número 1. —Una muchacha que se hacía reproches de haber robado, fabricado moneda falsa, etc., según sus lecturas cotidianas, dándose, sin embargo, cuenta de lo absurdo de tales reproches.

Rectificación de la sustitución. —Se reprochaba el onanismo, que practicaba en secreto, sin poder renunciar a él.

Quedó curada por medio de una escrupulosa observación, que le impidió masturbarse.

Observación número 2. —Un joven estudiante de Medicina, que padecía una obsesión análoga, se reprochaba múltiples actos inmorales: haber matado a su prima, desflorado a su hermana, incendiado una casa, etc. Llegó a sentir la necesidad de volverse continuamente en la calle para convencerse de que no había matado al transeúnte con quien acababa de cruzarse.

Rectificación. —Había leído en un libro de divulgación médica que el onanismo, al cual se entregaba, desmoralizaba al individuo, habiéndole impresionado mucho la noticia.

Observación número 3. —Varias mujeres que se quejaban de la obsesión de arrojarse por la ventana, herir a sus hijos con cuchillos, tijeras, etc.

Rectificación. Tentaciones obsesivas típicas. —Tratábase de mujeres insatisfechas en su matrimonio, que se debatían contra los deseos y las ideas voluptuosas que surgían en ellas a la vista de otros hombres.

Observación número 4. —Una joven perfectamente sana de espíritu y muy inteligente, que mostraba un odio infinito contra las criadas de la casa. Este odio se había despertado en ella ante los descaros de una criada y se había ido transmitiendo luego de criada en criada, haciendo imposible el servicio de la casa. Como motivo de este sentimiento —mezcla de odio y de repugnancia— alegaba la sujeto que las suciedades de aquellas criaturas le estropeaban su idea del amor.

Rectificación. —La joven había sido testigo involuntario de una escena amorosa de su madre. Al sorprenderla, se cubrió el rostro y se tapó los oídos, haciendo luego todo lo posible por olvidar la escena, que le repugnaba, y cuyo recuerdo la hubiera obligado a separarse de su madre, a la que amaba tiernamente.

Consiguió, en efecto, el deseado olvido; pero la cólera que despertó en ella ver ensuciada su idea del amor persistió en su ánimo, asociándose a ella poco después la idea de una persona que pudiese reemplazar a su madre.

Observación número 5. —Una joven se había aislado casi completamente, a consecuencia de un miedo obsesivo a la incontinencia de orina. No podía salir de su cuarto, ni recibir una visita alguna sin haber orinado múltiples veces.

Hallándose en su casa y en reposo no sentía miedo alguno.

Rectificación. —Se trataba de una tentación o una desconfianza obsesiva. De lo que desconfiaba no era de su vejiga, sino de su resistencia contra un impulso amoroso. Así lo demostraba el origen de la obsesión. Una vez, en el teatro, había sentido, a la vista de un hombre que le gustaba, un deseo amoroso, acompañado (como siempre en la polución espontánea de las mujeres) de ganas de orinar. Habiéndose visto obligada a abandonar el teatro, fue presa desde aquel momento del miedo a volver a sentir la misma sensación; pero el deseo de orinar se sustituyó al deseo amoroso. Curó completamente.

Las observaciones precedentes, si bien muestran diversos grados de complejidad, tienen en común que la idea original (inconciliable) ha sido sustituida por otra.

En las que a continuación pasamos a exponer, la idea original ha sido también sustituida, pero ya no por otra idea, sino por actos o impulsos que sirvieron originariamente de alivio o de procedimientos protectores, y que ahora se hallan en una grotesca asociación con un estado emotivo, con el que no armonizan, pero que es el original, y continúa estando tan justificado como en un principio.

Observación número 6. Aritmomanía obsesiva. —Una mujer había contraído la obsesión de contar las losas de la acera, los escalones, etc., y lo realizaba de continuo, presa de un ridículo estado de angustia.

Rectificación. —Había comenzado a contar para distraerse de sus ideas obsesivas (tentaciones) y lo había conseguido, pero quedando sustituida la obsesión primitiva por el impulso a contar.

Observación número 7. Especulación obsesiva. (Gruebelsucht). —Una mujer padecía ataques de esta obsesión, que no cesaban sino durante los períodos, siendo entonces reemplazados por miedos hipocondriacos. El tema del ataque era una parte del cuerpo o una función; por ejemplo, la respiración: ¿Por qué es necesario respirar? ¿Y si yo no quisiera respirar?, etcétera.

Rectificación. —Al principio había tenido miedo de volverse loca; fobia hipocondriaca, muy frecuente en las mujeres no satisfechas por su marido, caso que era el suyo. Para convencerse de que no iba a volverse loca y de que aún gozaba de su inteligencia, había comenzado a plantearse cuestiones y a ocuparse de problemas de importancia. Con esto consiguió al pronto tranquilizarse, pero la especulación mental llegó a sustituirse a la fobia. Desde hacía quince años padecía alternativamente períodos de miedo (patofobia) y de especulación obsesiva.

Observación número 8. Duda obsesiva. —Varios casos que mostraban los síntomas típicos de esta obsesión, pero que se explicaban sencillamente. Estas personas habían padecido o padecían aún obsesiones diversas, y la conciencia de que la obsesión había perturbado sus actos e interrumpido el curso de sus pensamientos, les hacía dudar legítimamente de la fidelidad de su memoria. Todo el mundo siente vacilar su seguridad en sus propios actos, y se ve obligado a releer una carta o a rehacer una cuenta, cuando su atención ha sido repetidamente distraída varias veces durante la ejecución del acto. La duda es una consecuencia lógica de la presencia de las obsesiones.

Observación número 9. Duda obsesiva (vacilación). —La sujeto de la observación número 4 se había vuelto excesivamente lenta en todos los actos de la vida ordinaria, particularmente en los de su tocado. Le eran necesarias horas enteras para anudar los cordones de sus zapatos o para arreglarse las uñas. Por su parte, lo explicaba diciendo que no podía atender a su tocado mientras le preocupaban las ideas obsesivas ni inmediatamente después de cada retorno de las mismas.

Observación número 10. Duda obsesiva. Temor a los papeles escritos. —Una joven, que había sentido escrúpulos después de haber escrito una carta, y que a partir de tal momento recogía todos los papeles que veía, dando como explicación el temor de haber confesado un amor secreto.

A fuerza de repetirse sin cesar el nombre de su amado, había surgido en ella el miedo de que dicho nombre se hubiese escapado de su pluma, habiéndolo trazado sobre un papel cualquiera en un momento de ensimismamiento.

Observación número 11. Misofobia. —Una mujer que se lavaba las manos cien veces al día, y para no tocarlos con ellas abría los pestillos de las puertas empujándolos con el codo.

Rectificación. —Era el caso de Lady Macbeth. Las abluciones tenían un carácter simbólico y se hallaban destinadas a sustituir, por la pureza física, la pureza moral que la sujeta lamentaba haber perdido. Se atormentaba con el remordimiento de una infidelidad conyugal, cuyo recuerdo había decidido ahogar.

Por lo que respecta a la teoría de esta sustitución, me limitaré a dar respuesta a tres cuestiones que aquí se plantean:

1. —¿Cómo puede llevarse a cabo tal sustitución?

Parece constituir la expresión de una disposición psíquica especial. Por lo menos, hallamos muy frecuentemente en las obsesiones la herencia similar, como en la histeria. Así, el enfermo de la observación número 2 me comunicó que su padre había padecido síntomas semejantes, y un día me presentó a un primo hermano con obsesiones y tic convulsivo, y a la hija de su hermana, niña de once años, que mostraba ya obsesiones (probablemente remordimientos).

2. —¿Cuál es el motivo de tal sustitución?

A mi juicio, podemos considerarla como un acto de defensa del *yo* contra la idea inconciliable. Entre mis enfermos hay algunos que recuerdan el esfuerzo de voluntad realizado para expulsar la idea o el recuerdo penoso del campo de la conciencia (observaciones números 3, 4 y 11). En otros casos, esta expulsión de la idea inconciliable se produjo de un modo inconsciente, que no ha dejado huella alguna en la memoria de los enfermos.

3. —¿Por qué el estado emotivo asociado a la idea obsesiva se ha perpetuado, en lugar de desvanecerse como los demás estados de nuestro *yo*?

La respuesta a esta interrogante consta en la teoría sobre los síntomas histéricos, fruto de mi colaboración con Breuer. Aquí sólo haré observar que el hecho mismo de la sustitución hace imposible la desaparición del estado emotivo.

II

A estos grupos de obsesiones propias se añade el de las fobias. Estas se diferencian de las obsesiones —según antes hubimos de indicar— en que el estado emotivo a ellas concomitante es siempre la angustia. Añadiremos ahora que las obsesiones son múltiples y más especializadas, y, en cambio, las fobias, más bien monótonas y típicas.

También en las fobias podemos distinguir dos grupos, caracterizados por el objeto de la angustia: primero, fobias comunes; miedo exagerado a aquellas cosas que todo el mundo teme, tales como la noche, la soledad, la muerte, las enfermedades, las serpientes, los peligros en general, etc.; y segundo, fobias ocasionales; angustia emergente en circunstancias especiales que no inspiran temor al hombre sano. Así, la agorafobia y las demás fobias de la locomoción. Es interesante observar que estas últimas fobias no son obsesivas como las obsesiones propias y las fobias comunes. El estado emotivo no surge en estos casos, sino en circunstancias especiales, que el enfermo evita cuidadosamente.

El mecanismo de las fobias es totalmente diferente del de las obsesiones. No se trata ya de una sustitución, ni resulta posible descubrir, por medio del análisis psíquico, una idea inconciliable sustituida. Sólo se encuentra un estado emotivo de angustia que, por una especie de elección, ha hecho resaltar todas las ideas susceptibles de llegar a ser objeto de una fobia. En los casos de agorafobia, etc., se encuentra con frecuencia el recuerdo de un ataque de angustia, y en realidad lo que el enfermo teme es la emergencia de tal ataque en aquellas circunstancias especiales en las que cree no podrá escapar a él.

La angustia de este estado emotivo existente en el fondo de las fobias no se deriva de ningún recuerdo. Habremos, pues, de preguntarnos cuál puede ser el origen de esta potente condición del sistema nervioso.

En respuesta a esta interrogante espero poder demostrar otra vez que está justificado establecer una neurosis especial, la neurosis de angustia, de la cual es el síntoma principal dicho estado emotivo. Enumeraremos sus diversos síntomas e insistiremos en la necesidad de distinguir esta neurosis de la neurastenia, con la cual se halla ahora confundida. Así, las fobias forman parte de la neurosis de angustia y aparecen acompañadas casi siempre de otros síntomas de la misma serie.

La neurosis de angustia es también de origen sexual, pero no se enlaza a ideas tomadas de la vida sexual ni en realidad posee un mecanismo psíquico. Su etiología específica es la acumulación de la tensión genésica, provocada por la abstinencia o la irritación genésica frustrada (por el efecto del coito reservado de la impotencia relativa del marido, de las excitaciones sin satisfacción ulterior de los novios, de la abstinencia forzada, etcétera).

En estas condiciones, extraordinariamente frecuentes, sobre todo para la mujer en la sociedad actual, es en las que se desarrolla la neurosis de angustia, de la cual las fobias son una manifestación psíquica.

Para concluir, indicaremos que las fobias y las obsesiones propiamente dichas pueden combinarse, y se combinan, efectivamente, con gran frecuencia. Así, podemos hallar que en los comienzos de la enfermedad existía una fobia, desarrollada como síntoma de la neurosis de angustia. La idea que constituye la fobia y a la cual se encuentra asociado el miedo puede ser sustituida por otra idea, o más bien, por el procedimiento protector que parece aliviar al miedo. La observación número 6 (especulación obsesiva) constituye un acabado ejemplo de esta clase, o sea, de una fobia doblada de una obsesión propiamente dicha, por sustitución.

Me dirijo especialmente a los alumnos de J. M. Charcot, para presentarles algunas objeciones contra la teoría etiológica de las neurosis, que nuestro común maestro nos ha transmitido.

Conocido es el papel atribuido a la herencia nerviosa en esta teoría. Trataríase de la única causa verdadera e indispensable de las afecciones neuróticas, no pudiendo aspirar las demás influencias etiológicas sino a la categoría de agentes provocadores.

Así lo han afirmado, además del mismo maestro, sus discípulos, Guinon, Gilles de la Tourette y Janet, por lo que respecta a la histeria, sosteniéndose también en Francia, y un poco en todas partes, esta misma opinión con relación a las demás neurosis, aunque por lo que se refiere a estos estados, análogos a la histeria, no haya sido enunciada de un modo tan solemne y decidido.

Hace ya mucho tiempo que vengo sospechando de la exactitud de esta teoría, pero me ha sido necesario esperar hasta encontrar en la práctica cotidiana del médico hechos en que apoyarme. Ahora mis objeciones son ya de dos órdenes: argumentos de hecho y otros productos de la especulación.

Comenzaré por los primeros, ordenándolos según la importancia que les concedo.

I

a) A veces se han creído nerviosas y demostrativas de una tendencia neuropática hereditaria, afecciones extrañas al dominio de la Neuropatología, y que no dependen necesariamente de una enfermedad del sistema nervioso. Así, las neuralgias faciales y muchas cefalalgias, que se creían nerviosas, siendo más bien consecuencias de alteraciones patológicas postinfecciosas y de supuraciones en el sistema cavitario faringonasal. Por mi parte, estoy persuadido de que sería ventajoso para los enfermos el que nosotros, los neurólogos, abandonásemos más frecuentemente el tratamiento de tales afecciones a los rinólogos.

b) Se ha aceptado como razón suficiente para suponer en un enfermo taras nerviosas hereditarias todas las afecciones nerviosas halladas en su familia, sin tener en cuenta su frecuencia ni su gravedad. Esta manera de ver las cosas parece contener una precisa separación entre las familias indemnes de toda predisposición nerviosa y las familias sujetas a ella sin límite ni restricción, siendo así que los hechos abogan más bien en favor de la opinión contraria, según la cual existen transiciones y grados de disposición nerviosa, sin que ninguna familia se halle en absoluto indemne de ella.

c) Nuestra opinión sobre el papel etiológico de la herencia en las enfermedades nerviosas habrá de ser, desde luego, el resultado de un examen estadístico imparcial y no de una *petitio principii*. En tanto este examen no haya sido realizado, deberá suponerse tan posible la existencia de neuropatías adquiridas como la de neuropatías hereditarias. Ahora bien: si puede haber neuropatías adquiridas por hombres no predispuestos, no se podrá negar que las afecciones nerviosas halladas en la familia del paciente tengan en parte este origen, y entonces no será tampoco posible invocarlas como pruebas concluyentes de la disposición hereditaria, impuesta al enfermo por razón de su historial familiar, puesto que el diagnóstico retrospectivo de las enfermedades de los ascendientes o de los familiares ausentes sólo raras veces tiene éxito.

d) Aquellos que siguen a Fournier y a Erb en lo que respecta al papel etiológico de la sífilis en la tabes dorsal y en la parálisis progresiva han visto que es preciso reconocer en la patogenia de ciertas enfermedades la colaboración de poderosas influencias etiológicas distintas de la herencia, importante para producirlas por sí solas. Sin embargo, Charcot fue hasta su última época —según lo demuestra una carta privada que de él poseo— absolutamente opuesto a la teoría de Fournier, la cual va hoy ganando cada día más terreno.

e) Es indudable que ciertas neuropatías pueden desarrollarse en individuos perfectamente sanos y de familia irreprochable. Así se observa cotidianamente con respecto a la neurastenia de Beard. Si la neurastenia se limitase a los individuos predispuestos, no habría adquirido jamás la importancia y la extensión que le conocemos.

f) En la patología nerviosa hay la herencia similar y la herencia llamada disimilar. Por lo que respecta a la primera, no hay nada que objetar, siendo incluso muy singular que en las afecciones dependientes de la herencia similar (enfermedad de Thomsen, de Friedreich; miopatías, corea de Huntington, etc.) no se encuentra jamás la huella de otra influencia etiológica accesoria. Pero la herencia disimilar, mucho más importante que la otra, deja lagunas que sería necesario llenar para llegar a una solución satisfactoria de los problemas etiológicos. Nos referimos al hecho de que los miembros de la misma familia se muestran visitados por las neuropatías más diversas, funcionales y orgánicas, sin que pueda descubrirse una ley que dirija la sustitución de una enfermedad por otra o el orden de su sucesión a través de las generaciones. Al lado de los individuos enfermos, hay en estas familias personas que permanecen sanas, y la teoría de la herencia disimilar no nos dice por qué estas últimas soportan la misma carga hereditaria sin sucumbir a ella, ni por qué los individuos enfermos han escogido, entre las afecciones que constituyen la gran familia neuropática, una determinada enfermedad en lugar de otra; la histeria en lugar de la epilepsia, la locura, etc. Como en la patogenia nerviosa no puede concederse lugar alguno al azar, habremos de reconocer que no es la herencia la que preside la elección de la neuropatía que se desarrollará en el miembro de una familia afecto de predisposición, suponiendo, en cambio, la existencia de otras influencias etiológicas de naturaleza incomprensible; influencias que merecerán entonces el nombre de *etiología específica* de tal o cual afección nerviosa. Sin la existencia de este factor etiológico especial, la herencia no hubiera podido hacer nada, y si dicha etiología específica hubiera sido sustituida por otra influencia, se hubiera prestado a la producción de otra distinta neuropatía.

II

Tales causas específicas y determinantes de las neuropatías han sido poco investigadas, por tener cautivada la atención de los médicos la grandiosa perspectiva de la condición etiológica hereditaria.

Sin embargo, merecen ciertamente que se les haga objeto de un asiduo estudio. Aunque su potencia patógena no sea, en general, sino accesoria a la de la herencia, ha de ser interesantísimo el conocimiento de esta etiología específica, que proporcionará a nuestra labor terapéutica un punto de ataque, mientras que la disposición hereditaria, fijada de antemano para el enfermo desde su nacimiento, detiene nuestros esfuerzos, mostrándose como un poder inabordable.

Por mi parte, vengo entregándome desde hace años a la investigación de la etiología de las grandes neurosis (estados nerviosos funcionales análogos a la histeria), y las líneas que siguen contienen el resultado de estos estudios. Para evitar todo posible error de interpretaciones, expondré en primer lugar dos observaciones sobre la nosografía de las neurosis y sobre la etiología de las neurosis en general.

Me ha sido necesario comenzar mi trabajo por una innovación nosográfica. He hallado razones suficientes para situar al lado de la histeria la neurosis obsesiva como afección autónoma e independiente, aunque la mayoría de los autores coloquen las obsesiones entre los síndromes de la degeneración mental o las confundan con la neurastenia. Por mi parte, he descubierto, examinando su mecanismo psíquico, que las obsesiones se hallan enlazadas a la histeria más íntimamente de lo que se cree.

La histeria y la neurosis obsesiva forman el primer grupo de las grandes neurosis por mí estudiadas. El segundo contiene la neurastenia de Beard, que yo he descompuesto en dos estados funcionales, diferentes tanto por su etiología como por su aspecto sintomático: la *neurastenia* propiamente dicha y la *neurosis de angustia*, denominación esta última, que, dicho sea de paso, no acaba de satisfacerme. En un estudio, publicado en 1895, he expuesto las razones de esta separación, que creo necesaria.

En cuanto a la etiología de las neurosis pienso que se debe reconocer en teoría, que las influencias etiológicas, diferentes entre sí por su categoría y por el orden de su relación con el efecto que producen, pueden agruparse en tres clases: *condiciones*, *causas concurrentes* y *causas específicas*. Las condiciones son indispensables para la producción de la afección de que se trate, pero su naturaleza es universal, y se encuentran igualmente en la etiología de muchas otras enfermedades. Las causas concurrentes colaboran también en la causación de otras afecciones, pero no son, como las condiciones, indispensables para la producción de una determinada. Por último, las causas específicas son tan indispensables como las condiciones, pero no aparecen más que en la etiología de la afección, de la cual son específicas.

Pues bien; en la patogenia de las grandes neurosis, la herencia representa el papel de una *condición*, poderosa en todos los casos, y hasta indispensable en la mayor parte de los mismos. No podría ciertamente prescindir de la colaboración de las causas específicas, pero su importancia queda demostrada por el hecho de que las mismas causas, actuando sobre un individuo sano, no producirían ningún efecto patológico manifiesto, mientras que su acción sobre una persona predispuesta hará surgir la neurosis, cuya intensidad y extensión dependerán del grado de tal condición hereditaria.

La acción de la herencia es, pues, comparable a la del hilo multiplicador en el círculo eléctrico, que exagera la desviación visible de la aguja, pero no puede jamás determinar su dirección.

En las relaciones existentes entre la condición hereditaria y las causas específicas de la neurosis hay aún algo que anotar. La experiencia nos muestra algo que de antemano podíamos haber supuesto, o sea, que no deben despreciarse en estas cuestiones de etiología las cantidades relativas, por decirlo así, de las influencias etiológicas. Lo que no se hubiera adivinado en el hecho siguiente, que parece resultar de mis observaciones: La herencia y las causas específicas pueden reemplazarse en lo que respecta a su lado cuantitativo, y así, la concurrencia de una seria etiología específica con una disposición mediocre, y la de una herencia nerviosa muy intensa con una influencia específica ligera, producirán el mismo efecto patológico. De este modo, aquellas neurosis, en las que en vano buscamos un grado apreciable de disposición hereditaria, no serán sino un extremo de la serie así constituida, siempre que dicha falta se halle compensada por una poderosa influencia específica.

Como causas concurrentes o accesorias de las neurosis podemos enumerar todos los agentes vulgares encontrados en otras ocasiones: las emociones morales, el agotamiento somático, las enfermedades agudas, las intoxicaciones, los accidentes traumáticos, el *surmenage* intelectual, etc. A mi juicio, ninguno de ellos, ni aun el último, entra regular o necesariamente en la etiología de la neurosis, y sé muy bien que enunciar esta opinión es situarse enfrente de una teoría considerada universal o irreprochable. Desde que Beard declaró que la neurastenia era el fruto de nuestra civilización moderna, sólo creyentes ha encontrado. Mas por mi parte me es imposible agregarme a esta opinión. Un laborioso estudio de las neurosis me ha enseñado que la etiología específica de las mismas se sustrajo al conocimiento de Beard.

No está en mi ánimo despreciar la importancia etiológica de tales agentes vulgares. Son muy varios y frecuentes, y, siendo acusados casi siempre por los enfermos mismos, se hacen más evidentes que las causas específicas de las neurosis, etiología oculta o ignorada. Con gran frecuencia desempeñan la función de agentes provocadores, que hacen manifiesta la neurosis, hasta entonces latente, enlazándose a ellos un interés práctico, puesto que la consideración de estas causas vulgares puede prestar puntos de apoyo a una terapia que no se proponga una curación radical y se contente con retrotraer la afección a su anterior estado de latencia.

Ahora bien: jamás se consigue comprobar una relación constante y estricta entre una de estas causas vulgares y una determinada afección nerviosa. Así, la emoción moral se encuentra tanto en la etiología de la histeria, las obsesiones y la neurastenia como en la de la epilepsia, la enfermedad de Parkinson, la diabetes y otras muchas.

Las causas concurrentes vulgares pueden también reemplazar a la etiología específica en cuanto a la cantidad, pero jamás sustituirla completamente. Hay muchos casos en los que todas las influencias etiológicas están representadas por la condición hereditaria y la causa específica, faltando las causas vulgares. En los otros casos, los factores etiológicos indispensables no bastan por su cantidad para provocar la neurosis, resultando así que durante mucho tiempo puede ser mantenido un estado de salud aparente, que no es en realidad sino un estado de predisposición neurótica. Basta entonces que una causa vulgar añada su acción para que la neurosis se haga manifiesta. Pero en tales condiciones es preciso tener en cuenta que la naturaleza del agente vulgar sobrevenido es indiferente. Cualquiera que sea dicho agente —emoción, traumatismos, enfermedad infecciosa, etc.— el efecto patológico será el mismo, pues la naturaleza de la neurosis dependerá siempre de la causa específica preexistente.

¿Cuáles son, pues, estas causas específicas de la neurosis? ¿Es acaso una sola, o son varias? ¿Puede, quizá, comprobarse una relación etiológica constante entre tal causa y tal efecto neurótico, de modo que a cada una de las grandes neurosis podamos adscribir una etiología particular?

Apoyado en un examen laborioso de los hechos, he de afirmar que esta última suposición corresponde exactamente a la realidad; que cada una de las grandes neurosis enumeradas tiene por causa inmediata una perturbación particular de la economía nerviosa, y que estas modificaciones patológicas funcionales reconocen como origen común la vida sexual del individuo, sea un desorden de la vida sexual actual, sean sucesos importantes de la vida pretérita.

No es ésta en verdad una afirmación nueva e inaudita. Entre las causas de la nerviosidad se han admitido siempre los desórdenes sexuales, pero subordinándolos a la herencia, coordinándolos con los demás agentes provocadores y restringiendo su influencia etiológica a un número limitado de casos observados. Los médicos han llegado incluso a adquirir la costumbre de no buscarlos si el enfermo no se refiere a ellos espontáneamente. En cambio, fundándome yo en los resultados de mis investigaciones, elevo tales influencias sexuales a la categoría de causas específicas, reconozco su acción en todos los casos de neurosis y encuentro, en fin, un paralelismo regular, prueba de una relación etiológica particular entre la naturaleza de la influencia sexual y la especie morbosa de la neurosis.

Estoy seguro que esta teoría provocará una tempestad de contradicciones por parte de los médicos contemporáneos. Pero no es este el lugar de presentar los documentos y las experiencias que me han impuesto mi convicción, ni de explicar el verdadero sentido de la expresión, un tanto vaga, "desórdenes de la economía nerviosa". Todo ello será realizado con la mayor amplitud en una obra que preparo sobre la materia. En el presente estudio me limitaré a enunciar mis resultados.

La neurastenia propiamente dicha, de un aspecto clínico muy monótono en cuanto se separa de ella la neurosis de angustia (fatiga, sensación de asco, dispepsia flatulenta, estreñimiento, parestesias espinales, debilidad sexual, etc.), no reconoce como etiología específica más que el onanismo (inmoderado) o las poluciones espontáneas.

La acción prolongada e intensa de esta perniciosa satisfacción sexual se basta para provocar la neurosis neurasténica o para imponer al sujeto el sello neurasténico especial, que se manifiesta más tarde bajo la influencia de una causa ocasional accesoria. He hallado también personas que presentaban los signos de constitución neurasténica, y en las cuales no he conseguido evidencia de la etiología citada, pero por lo menos he logrado comprobar que la función sexual no se había desarrollado nunca en ellas hasta el nivel normal, pareciendo dotadas por herencia de una constitución sexual análoga a la que en el neurasténico se produce a consecuencia del onanismo.

La neurosis de angustia, cuyo cuadro clínico es mucho más rico (irritabilidad, estado de espera angustiada, fobias, ataques de angustia completos o rudimentarios de miedo, de vértigo, temblores, sudores, congestión, disnea, taquicardia, etc.; diarrea crónica, vértigo crónico de locomoción, hiperestesia, insomnios, etc.), se revela fácilmente como el efecto específico de diversos desórdenes de la vida sexual, que no carecen de un carácter común a todos. La abstinencia forzada, la excitación genital frustrada (no satisfecha por el acto sexual), el coito imperfecto o interrumpido, los esfuerzos sexuales que sobrepasan la capacidad psíquica del sujeto, etc.; todos estos agentes, frecuentísimos en la vida moderna, coinciden en perturbar el equilibrio de las funciones psíquicas y somáticas en los actos sexuales, impidiendo la participación psíquica necesaria para liberar a la economía nerviosa de la tensión genésica.

Estas observaciones, que contienen quizá el germen de una explicación teórica del mecanismo funcional de la neurosis de angustia, muestran al mismo tiempo que no es aún posible hoy en día desarrollar una exposición completa y verdaderamente científica de la materia, siendo previamente necesario abordar el problema fisiológico de la vida sexual desde un punto de vista nuevo.

Diré, por último, que la patogénesis de la neurastenia y de la neurosis de angustia puede prescindir de la concurrencia de una disposición hereditaria. Así lo comprueban, en efecto, mis observaciones cotidianas. Pero si la herencia concurre, ejercerá una formidable influencia sobre el desarrollo de la neurosis.

Para la segunda clase de las grandes neurosis, la histeria y la neurosis obsesiva, la solución del problema etiológico es sorprendentemente sencilla y uniforme. Debo mis resultados al empleo de un nuevo método de análisis psíquico, al procedimiento explorador de J. Breuer, un tanto sutil, pero insustituible por su eficacia para iluminar los obscuros caminos de la ideación inconsciente. Por medio de este procedimiento —cuya descripción no hemos de emprender aquí[22]— se persiguen los síntomas histéricos hasta su origen, constituido siempre por un suceso de la vida sexual del individuo, muy apropiado para producir una emoción penosa. Explorando paso a paso el pretérito del enfermo, dirigidos siempre por el encadenamiento orgánico de los síntomas, los recuerdos y los pensamientos en estado de vigilia, hemos conseguido llegar al punto de partida del proceso patológico y hemos comprobado que en el fondo de todos los casos sometidos al

---

[22] Véase *Estudios sobre la histeria,* en el tomo X de estas *Obras Completas.*

análisis existía lo mismo, la acción de un agente que había de ser aceptada como causa específica de la histeria.

Trátase, desde luego, de un recuerdo relativo a la vida sexual, pero que ofrece dos caracteres de máxima importancia. El suceso del cual ha conservado el sujeto un recuerdo inconsciente es una experiencia sexual precoz con irritación real de las partes genitales, seguida de un abuso sexual practicado por otra persona, y el período de la vida en el que acaeció este suceso funesto es la infancia hasta la edad de ocho o diez años, antes de haber llegado el niño a la madurez sexual.

Así, pues, la etiología específica de la histeria está constituida por *una experiencia de pasividad sexual anterior a la pubertad.*

Añadiremos sin dilación algunos hechos detallados y algunos comentarios al resultado enunciado para evitar la desconfianza que sabemos han de despertar nuestras afirmaciones. Hemos podido practicar el análisis psíquico completo de trece casos de histeria, tres de los cuales eran verdaderas combinaciones de la histeria con la neurosis obsesiva (y no histeria con obsesiones). En ninguno de ellos faltaba el suceso antes descrito, hallándose representado por un atentado brutal cometido por una persona adulta o por una seducción menos rápida y menos repulsiva, pero conducente al mismo fin. De los trece casos, se trataba en siete de relaciones entre sujetos infantiles; esto es, de relaciones sexuales entre una niña y un niño algo mayor que ella, casi siempre su hermano, víctima a su vez de una seducción anterior. Estas relaciones habían continuado algunas veces durante años enteros, hasta la pubertad de los pequeños culpables, repitiendo siempre el niño con su pareja, sin innovación alguna, las mismas prácticas de que antes había él sido objeto por parte de una criada o una institutriz, y que a causa de este origen eran muchas veces de naturaleza repugnante. En algunos casos concurrían las relaciones infantiles y el atentado o el abuso brutal reiterado.

La fecha de la experiencia precoz era variable. En dos casos comenzaba la serie a los dos años (?) del infantil sujeto. Pero la edad más frecuente era entre los cuatro y los cinco años. Será quizá un azar, pero mis observaciones me han dado la impresión de que una experiencia de pasividad sexual posterior a la edad de ocho a diez años no puede ya servir de base a la constitución de una neurosis.

¿Cómo llegar a convencerse de la realidad de estas confesiones obtenidas en el análisis que pretenden ser recuerdos conservados desde la primera infancia, y cómo precaverse contra la inclinación de mentir y la facilidad de invención atribuidas a los histéricos? Yo mismo me acusaría de credulidad censurable si no dispusiese de otras pruebas más concluyentes. Pero es que los enfermos no cuentan jamás estas historias espontáneamente, ni van nunca a ofrecer al médico en el curso del tratamiento el recuerdo completo de una tal escena. No se consigue despertar la huella física del suceso sexual precoz sino por medio de la más enérgica presión del procedimiento analítico y en lucha contra una enorme resistencia. Es necesario arrancar el recuerdo trozo a trozo, y mientras el mismo despierta en su conciencia, se muestran los pacientes invadidos por una emoción difícil de fingir.

El suceso sexual precoz deja una huella imperecedera en la historia del caso, apareciendo representado en ella por una multitud de síntomas y de rasgos particulares que no admiten otra explicación, siendo exigido de un modo perentorio por el encadenamiento sutil, pero sólido, de la estructura intrínseca de la neurosis. Por último, cuando no se penetra hasta dicho suceso, falta el efecto terapéutico del análisis, y de este modo no hay más remedio que aceptarlo o refutarlo todo en conjunto.

¿Puede comprenderse que una tal experiencia sexual precoz sufrida por un individuo cuyo sexo apenas se ha diferenciado todavía llegue a constituirse en origen de una anormalidad psíquica persistente como la histeria? ¿Y cómo armonizar una tal hipótesis con nuestras ideas actuales sobre el mecanismo psíquico de esta neurosis? A la primera de estas interrogantes podemos dar una respuesta satisfactoria: precisamente por tratarse de un sujeto infantil no produce en su fecha la irritación efecto alguno, pero su huella psíquica perdura. Más tarde, cuando con la pubertad queda desarrollada la reactividad de los órganos sexuales hasta un nivel inconmensurable con relación al estado infantil, es reanimada esta huella psíquica inconsciente, y a causa de la transformación debida a la pubertad, despliega el recuerdo una potencia de la que careció totalmente el suceso mismo. El recuerdo actúa entonces como si fuese un suceso presente. Trátase, pues, por decirlo así, de una acción póstuma de un traumatismo sexual.

Por lo que sabemos, este despertar del recuerdo sexual después de la pubertad, habiendo acaecido el suceso mismo en una época muy anterior a tal período, constituye la única posibilidad psicológica de que la acción inmediata de un recuerdo sobrepase la del suceso actual. Pero ha de tenerse en cuenta que se trata de una constelación anormal, que ataca un lado débil del mecanismo psíquico y produce necesariamente un efecto psíquico patológico.

A mi juicio, esta relación inversa entre el efecto psíquico del recuerdo y el del suceso entraña la razón por la cual el recuerdo permanece inconsciente.

Llegamos así a un problema psíquico muy complejo, pero que debidamente apreciado promete arrojar algún día una viva claridad sobre las cuestiones más delicadas de la vida psíquica.

Las ideas aquí expuestas, teniendo como punto de partida el hecho de que el análisis psíquico nos revela siempre, como causa específica de la histeria, el recuerdo de una experiencia sexual precoz, no se hallan de acuerdo con la teoría psicológica de la neurosis sostenida por Janet ni con ninguna otra, pero sí armonizan perfectamente con mis propias especulaciones sobre las neurosis de defensa.

Todos los sucesos posteriores a la pubertad, a los cuales es preciso atribuir una influencia sobre el desarrollo de la neurosis histérica y sobre la formación de sus síntomas, no son en realidad sino causas concurrentes, *agentes provocadores*, como decía Charcot, para el cual ocupaba la herencia nerviosa el puesto que yo reclamo para la experiencia sexual precoz. Estos agentes accesorios no están sujetos a las condiciones estrictas que pesan sobre las causas específicas. El análisis demuestra de un modo irrefutable que sólo por su facultad de despertar la huella psíquica inconsciente del suceso infantil gozan de una influencia patógena en relación con la histeria. Su conexión con la huella patógena primaria es lo que lleva su recuerdo a lo inconsciente, facultándoles así para contribuir al desarrollo de una actividad psíquica sustraída al poder de las funciones conscientes.

La neurosis obsesiva proviene de una causa específica muy análoga a la de la histeria. Encontramos también en ella un suceso sexual precoz acaecido antes de la pubertad, cuyo recuerdo es activo en esta época o después de ella, y los mismos razonamientos y observaciones expuestos con ocasión de la histeria pueden aplicarse a los casos observados de esta neurosis (seis, tres de ellos muy puros). No hay más que una diferencia importante. En el fondo de la etiología histérica hemos hallado un suceso de pasividad sexual, una experiencia tolerada con indiferencia o con enfado o temor. En la neurosis obsesiva se trata, por el contrario, de un suceso que ha causado placer, de una agresión sexual inspirada por el deseo (sujeto infantil masculino) o de una gozosa participación en las relaciones sexuales (sujeto infantil femenino).

Las ideas obsesivas, reconocidas por el análisis en su sentido íntimo, reducidas, por decirlo así, a su más simple expresión, no son sino reproches que el sujeto se dirige por el goce sexual anticipado, si bien reproches desfigurados por una labor psíquica inconsciente de transformación y de sustitución.

El hecho mismo de que tales agresiones sexuales tengan lugar a una edad tan tierna parece denunciar la influencia de una seducción anterior, de la cual es consecuencia la precocidad del deseo sexual. En los casos por mí analizados ha quedado siempre confirmada esta sospecha. De este modo queda explicado un hecho constante en estos casos de neurosis obsesiva, esto es, la complicación regular del cuadro sintomático por un cierto número de síntomas simplemente histéricos.

La importancia del elemento activo de la vida sexual en la etiología de las obsesiones y la de la pasividad en la patogenia de la histeria parecen incluso revelar la razón de la conexión más íntima de la histeria con el sexo femenino y de la preferencia del masculino por la neurosis obsesiva. A veces hallamos dos neuróticos que en su infancia formaron una pareja de infantiles amantes, y en estos casos el hombre padece una neurosis de angustia y la mujer, una histeria. Cuando se trata de hermano y hermana, no es difícil incurrir en el error de atribuir a la herencia nerviosa lo que no es sino un efecto de experiencias sexuales precoces.

Existen, desde luego, casos aislados y puros de histeria o de neurosis obsesiva, independientes de la neurastenia o de la neurosis de angustia; pero no es esto lo general. Por lo regular, la psiconeurosis se presenta como accesoria o la neurosis neurasténica, como evocada por ellas, y sigue su trayectoria. Ello obedece a que las causas específicas de estas neurosis, o sea, los desórdenes actuales de la vida sexual, actúan al mismo tiempo como causas accesorias de las psiconeurosis, cuya causa específica —el recuerdo de la experiencia sexual precoz— despiertan y reaniman.

Por lo que respecta a la herencia nerviosa, estoy aún muy lejos de saber evaluar justamente su influencia en la etiología de las psiconeurosis. Concedo que su presencia es indispensable en los casos graves, y dudo que lo sea en los leves; pero estoy convencido de que por sí sola no puede producir la psiconeurosis cuando su etiología específica —la irritación sexual precoz— falta. Llego incluso a opinar que la cuestión de determinar cuál de las neurosis —la histeria o la neurosis obsesiva— se desarrollará en un caso dado no depende de la herencia, sino de un carácter especial de dicho suceso sexual precoz.

Crítica a la neurosis de angustia

En el número 2 de la *Neurologisches Zentralblatt*, de Mendel, correspondiente al año 1895, publiqué un breve estudio en el que intenté separar de la neurastenia toda una serie de estados nerviosos, reuniéndolos en un grupo independiente bajo el nombre de *neurosis de angustia*[23]. Me movió a ello una constante coincidencia de caracteres clínicos y etiológicos, suficiente para justificar una diferenciación. Había descubierto, en efecto, que los síntomas de referencia pertenecían todos a la expresión de la angustia, descubrimiento en el cual vi luego que me había precedido Hecker, y mis investigaciones sobre la etiología de las neurosis me permitieron agregar que tales elementos del complejo "neurosis de angustia" poseían condiciones etiológicas particulares casi opuestas a la etiología de la neurastenia. Mis experiencias me habían enseñado que en la etiología de las neurosis (por lo menos en los casos *adquiridos* y en las formas susceptibles de *adquisición*) desempeñan un importante papel, poco o nada estudiado hasta ahora, factores sexuales, de manera que la afirmación de que "la etiología de las neurosis reposa en la sexualidad" se hallaba, pese a toda su inevitable inexactitud *per excessum et defectum*, más cerca de la verdad que las demás teorías actualmente aceptadas. Otra aserción a la que me obligaban también mis observaciones fue la de que las diferentes prácticas sexuales viciosas no actuaban indistintamente en la etiología de todas las neurosis, sino que existían relaciones especiales

---

[23] Véase el estudio *Justificación de separar de la neurastenia, etc.*, incluido en el presente tomo.

entre sus diferentes órdenes y determinadas neurosis. Hube así de suponer que había descubierto las causas especiales de las distintas neurosis. A continuación, intenté encerrar en una breve fórmula la característica de las faltas sexuales que constituyen la etiología de las neurosis de angustia, y, apoyándome en mi concepción del proceso sexual (véase el estudio citado), obtuve la conclusión de que la neurosis de angustia tenía por causa todo aquello que desviaba de lo psíquico la tensión sexual somática, perturbando su elaboración psíquica. Pasando a las circunstancias concretas en las cuales se realiza este principio, resultó entonces que los factores etiológicos específicos de los estados denominados por mi "neurosis de angustia" eran la abstinencia voluntaria o involuntaria, el comercio sexual sin satisfacción completa, el coito interrumpido, la desviación del interés psíquico de la sexualidad, etc.

Al publicar el estudio al que vengo refiriéndome no me hacía ilusión alguna sobre su poder de convencimiento. En primer lugar, sabia no haber realizado en él sino una exposición sintética, incompleta y a trozos difícilmente comprensible de la materia, suficiente sólo, quizá, para preparar la atención del lector. Además, apenas si citaba algunos ejemplos; no daba cifra alguna; no describía la técnica de la anamnesis; no tomaba en consideración, para evitar errores de juicio, más que las objeciones más próximas, y sólo acentuaba de la teoría el principio fundamental sin hacer resaltar de igual manera sus restricciones. Quedaba así el lector en libertad completa para enjuiciar adversamente la coherencia de toda la construcción teórica que se le ofrecía. Pero no era este el único de los factores que me hacían contar con una mala acogida de mi teoría. Sé muy bien que con la *etiología sexual* de las neurosis no he descubierto nada nuevo, sino algo conocido incluso por la Medicina oficial escolástica. Pero esta última ha hecho como si lo ignorase, evitando deducir de ello conclusión alguna. Esta conducta ha de tener algún profundo fundamento, consistente quizás en una especie de horror a lo sexual o en una reacción contra antiguas tentativas de aclaración, que se consideran ya superadas. De todos modos, al emprender la tentativa de hacer verosímil a otros algo que ellos hubieran podido descubrir por sí mismos sin lograr trabajo, era de esperar tropezarse con una vigorosa resistencia.

En tal situación hubiera sido quizá más adecuado no responder a objeción crítica ninguna hasta después de haber expuesto con todo detalle el complicado tema y haberlo hecho claramente comprensible. Pero no me es dado resistir a los motivos que me mueven a contestar sin más dilación a una crítica de mi teoría de la neurosis de angustia publicada en estos últimos días. Lo hago así, en primer lugar, por la persona del crítico, L. Loewenfeld, de Munich, autor de la *Patología y terapia de la neurastenia* y hombre cuya opinión ha de pesar mucho en el público médico; en segundo, por la necesidad de rechazar una errónea concepción que se me atribuye en dicha crítica, y en tercero, porque quiero combatir desde un principio la impresión de que mi teoría puede rebatirse sin trabajo alguno con las primeras objeciones halladas a mano.

Con segura intuición ve Loewenfeld lo esencial de mi trabajo en mi afirmación de que los síntomas de la angustia tienen una etiología unitaria y específica de naturaleza sexual. No siendo esto un hecho, desaparecerá la razón principal para separar de la neurastenia una neurosis de angustia independiente. Ahora bien: como los síntomas de la angustia presentan también innegables relaciones con la histeria, resultará que, aceptando la opinión de Loewenfeld, queda igualmente dificultada la diferenciación de la histeria y la neurastenia. Para Loewenfeld desaparece esta dificultad acudiendo a la herencia como causa común de todas estas neurosis.

Veamos los argumentos con los que Loewenfeld apoya su crítica de mi teoría:

1) Hemos considerado esencial para la comprensión de la neurosis de angustia el hecho de que la angustia de las mismas no es susceptible de una derivación psíquica, no pudiendo ser adquirida la disposición a la angustia, que constituye el nódulo de la neurosis, por un sobresalto, único o repetido, psíquicamente justificado. El sobresalto provocaría una histeria o una neurosis traumática, pero nunca una neurosis de angustia. Esta negación no es sino la contrapartida de mi afirmación de contenido positivo de que la angustia en mi neurosis correspondía a una tensión sexual somática desviada de lo psíquico, que de otro modo hubiera actuado como la libido.

Contra esto afirma Loewenfeld que en un gran número de casos "surgen estados de angustia inmediatamente o al poco tiempo de un *shock* psíquico (simple sobresalto o accidente unido a él), dándose circunstancias que hacen muy improbable la colaboración de faltas sexuales de la especie indicada". Como ejemplo convincente, cita brevemente una observación clínica (una sola). Trátase en ella de una mujer de treinta años, casada hacía cuatro y con taras hereditarias, que un año antes de acudir a él había tenido un parto difícil. Pocas semanas después de su alumbramiento se asustó al ver a su marido presa de un repentino ataque, y levantándose en camisa anduvo por la habitación largo rato. A partir de este día enfermó, presentándose primero estados nocturnos de angustia con taquicardia, y más tarde ataques de temblor convulsivo, fobias, etcétera, hasta quedar constituido el cuadro clínico completo en una neurosis de angustia plenamente desarrollada. "En este caso —concluye Loewenfeld— los estados de angustia tienen un indudable origen psíquico, habiendo sido provocados por el sobresalto experimentado".

No dudo que mi distinguido contradictor disponga de muchos ejemplos análogos. Yo mismo puedo ofrecerle toda una serie de ellos. Quien no haya visto tales casos de explosión de la neurosis de angustia después de un *shock* psíquico, no puede siquiera permitirse intervenir en una discusión sobre tal neurosis. Pero he de advertir que la etiología de tales casos no ha de integrar siempre necesariamente un sobresalto o una espera angustiada; cualquiera otra emoción produce el mismo efecto. Repasando rápidamente mis recuerdos de este orden, encuentro en seguida los siguientes ejemplos: un hombre de cuarenta y cinco años, que sufrió el primer ataque de angustia (con colapso cardíaco) al recibir la noticia de la muerte de su anciano padre, desarrollando luego una plena y típica neurosis de angustia con agorafobia; un joven que cayó en la misma neurosis por la excitación que le producían las querellas domésticas entre su mujer y su madre, sufriendo en cada una de estas ocasiones un nuevo ataque de agorafobia; un estudiante desaplicado, que comenzó a sufrir los primeros ataques de angustia en una época de trabajo intenso al que le obligaban la proximidad de un importante examen y la severidad con que su padre castigaba su anterior desaplicación; una mujer que no tenía hijos y enfermó a causa de la preocupación que le ocasionaba la salud de una sobrinita. Y así muchos más. El hecho mismo que Loewenfeld opone a mis teorías es indiscutible.

No así su interpretación. No creemos lícito aplicar en esta ocasión el sencillo principio de *post hoc ergo propter hoc*, prescindiendo de toda colaboración crítica de la materia prima. Conocemos, por el contrario, muchos casos en los que la última causa provocadora no pudo mantenerse ante el análisis crítico como causa eficiente. Recuérdese, por ejemplo, la relación entre el trauma y la gota. El papel desempeñado por el trauma en la provocación de un ataque de gota en el miembro al que ha afectado no es distinto del que podría desempeñar en la etiología de la tabes y de la parálisis. Ahora bien: en este ejemplo de la gota, nadie se atreverá a sostener el absurdo de que el trauma había "causado", y no meramente provocado, el ataque. El hecho de encontrar factores etiológicos de este orden —a los que podemos dar el calificativo de "vulgares"— en la etiología de los más diferentes estados patológicos debe movernos a reflexión. El sobresalto es también uno de estos factores vulgares, y del mismo modo que la neurosis de angustia puede producir la corea, la apoplejía, la *paralysis agitans* e infinidad de enfermedades más. No me sería lícito seguir argumentando que a causa de tal ubicuidad no podían satisfacernos las causas corrientes, debiendo haber, además, causas específicas, pues argumentar así supondría anticipar el principio que queremos demostrar. Pero si tengo derecho a sentar la conclusión de que si en la etiología de todos los casos de neurosis de angustia, o de su inmensa mayoría, descubrimos la misma causa específica, no tenemos por qué preocuparnos de que la explosión de la enfermedad tenga efecto después de la acción de cualquier factor general, como lo es la emoción.

Así sucedió en mis casos de neurosis de angustia. El hombre que al recibir la noticia de la muerte de su padre enfermó tan inexplicablemente (y hago esta observación porque la muerte del padre no fue inesperada, ni sucedió en circunstancias extraordinarias); este hombre, repito, venía practicando, desde hacía once años, el coito interrumpido, cuidando de que su mujer obtuviese en él satisfacción; el joven que no pudo soportar las querellas domésticas entre su mujer y su madre practicaba también el coito reservado desde el primer día de su matrimonio, para evitar la procreación; el estudiante que con un exceso de trabajo contrajo la neurosis de angustia, en lugar de la debilidad cerebral que era de esperar, mantenía, desde tres años atrás relaciones amorosas íntimas con una muchacha a la que no debía embarazar; la mujer sin descendencia propia, que contrajo la neurosis de angustia con ocasión de una enfermedad de su sobrina, estaba casada con un impotente y no había obtenido jamás una plena satisfacción sexual. Y así sucesivamente. No todos estos casos son igualmente claros ni demuestran con igual fuerza mi tesis. Pero si los agregamos a otros muchos en los que la etiología nos muestra tan sólo el factor específico, se adaptarán plenamente a nuestra teoría y nos permitirán ampliar nuestra comprensión etiológica más allá de los límites actuales.

Si alguien quisiera demostrarme que en las consideraciones precedentes he disminuido indebidamente la importancia de los factores etiológicos vulgares, tendría que oponerme observaciones en las cuales faltase por completo mi factor específico, o sea, casos de emergencia de la neurosis de angustia después de un *shock* psíquico en sujetos que observaran una vida sexual totalmente normal. El lector juzgará si el caso presentado por Loewenfeld llena esta condición. Mi distinguido crítico no se ha dado cuenta, sin duda, de tal necesidad, pues de lo contrario no hubiera dejado en la obscuridad la vida sexual de su paciente. Por mi parte, quiero prescindir del hecho de que el caso aducido se halla claramente complicado con una histeria, enfermedad de cuyo origen psíquico soy el último en dudar, y concedo, naturalmente, sin discusión, que al lado de esta histeria se haya desarrollado una neurosis de angustia. Pero antes de utilizar un caso en favor o en contra de la teoría de la etiología sexual de las neurosis, es preciso haber estudiado más detenidamente de lo que Loewenfeld lo hace en esta ocasión la conducta sexual de la paciente. No es posible contentarse con la conclusión de que habiendo sufrido la señora el *shock* al poco tiempo de un parto no podía haber desempeñado papel alguno durante el último año el coito interrumpido, faltando, por lo tanto, toda influencia procedente de prácticas sexuales viciosas. Conozco casos de neurosis de angustia, a pesar de sucesivos embarazos anuales, pues a partir del coito fecundante cesaba todo comercio carnal entre los esposos, resultando así que la mujer, teniendo cada año un hijo, sufría, no obstante, de privación sexual. Ningún médico desconoce la existencia de mujeres que conciben de maridos muy poco potentes, incapaces de proporcionarles una plena satisfacción sexual. Por último, y es este un hecho con el que debían contar los defensores de la etiología hereditaria, existen mujeres afectas de una neurosis de angustia congénita; esto es, mujeres que traen consigo o desarrollan, sin perturbación exterior visible, una vida sexual análoga a la que se adquiere con la práctica del coito interrumpido u otras faltas sexuales. En un cierto número de estas mujeres descubrimos que padecieron durante su juventud una enfermedad histérica, a partir de la cual quedó perturbada su vida sexual y desviada de lo psíquico la tensión sexual. Las mujeres de esta clase de sexualidad son incapaces de satisfacción, incluso en el coito normal, y desarrollan la neurosis de angustia, bien espontáneamente, bien después de la emergencia de otros factores eficaces. ¿Qué es, de todo esto, lo sucedido en el caso de Loewenfeld? No lo sé, pero repito que este caso sólo probará en contra mía si la sujeto que a un sobresalto único respondió con una neurosis de angustia gozaba antes de una vida sexual normal.

Si al interrogar al enfermo nos limitamos a aceptar todo lo que nos vaya diciendo, contentándonos con lo que quiera comunicarnos, no nos será posible utilizar la anamnesis para investigaciones etiológicas. Si los especialistas de la sífilis hicieran depender de la confesión de los enfermos la referencia de las manifestaciones luéticas primarias al comercio sexual, habrían de achacar a un simple enfriamiento numerosos casos de chancros en individuos sedicientemente vírgenes. Tampoco los ginecólogos tropezarían con dificultades para comprobar en sus clientes solteras el milagro de la partenogénesis. Nada puede obligarnos a los neurólogos a partir, en las anamnesis de las grandes neurosis, de análogos perjuicios etiológicos.

2) Alega en segundo lugar Loewenfeld haber visto emerger y desaparecer muchos estados de angustia en casos en los que no existía seguramente modificación alguna de la vida sexual, interviniendo, en cambio, otros factores.

También nosotros hemos tenido múltiples ocasiones de comprobar este mismo hecho, pero sin que haya logrado inducirnos a error, y también hemos hecho desaparecer, por medio del tratamiento psíquico o de una acción terapéutica general, etc., los estados de angustia. Pero naturalmente no hemos deducido de ello que la falta de tratamiento fuese la causa de los accesos de angustia. No está tampoco en mi ánimo atribuir a Loewenfeld una tal conclusión. Con la observación precedente pretendo sólo indicar que la cuestión es lo bastante complicada para quitar todo valor a la objeción de Loewenfeld. No me ha sido difícil enlazar el hecho de que aquí se trata con mi afirmación de la etiología específica de la neurosis de angustia. Se me concederá fácilmente que existen factores etiológicamente eficaces que, para producir su efecto, tienen que actuar con una determinada intensidad (o cantidad) y durante un cierto espacio de tiempo, siendo, por tanto, factores que actúan por acumulación. El efecto del alcohol es un ejemplo de una tal causación por acumulación. En consecuencia, habrá de existir un período de tiempo en el que la etiología específica se halla absorbida en su trabajo, sin que su efecto se haga común, manifiesto. Durante este tiempo el sujeto no está aún enfermo, pero sí propenso a una determinada enfermedad; en nuestro caso, la neurosis de angustia, y el sobrevenir cualquier factor corriente hará emerger la neurosis del mismo modo que la hubiera hecho surgir una intensificación de la acción del factor específico. Esto mismo puede expresarse también en la forma siguiente: no basta la existencia del factor específico etiológico; es necesario que exista en cierta cuantía, y para alcanzar este nivel puede ser sustituida una cantidad de factor específico por una cantidad de factor vulgar. Si este último desaparece luego, el nivel vuelve a descender, y los fenómenos patológicos desaparecerán también. Toda la terapia de las neurosis reposa en la posibilidad de hacer descender por bajo del límite el nivel de la carga que gravita sobre el sistema nervioso por medio de diversas influencias ejercidas sobre la mezcla etiológica. Pero de esta circunstancia no puede deducirse conclusión alguna sobre la existencia o la falta de una etiología específica.

Creemos que estas reflexiones son inatacables y evidentes. Sin embargo, para aquellos a quienes no les basten, expondremos un nuevo argumento. Según la opinión de Loewenfeld y de otros muchos, la etiología de los estados de angustia ha de buscarse en la herencia. Ahora bien; la herencia escapa a toda modificación. Pero si la neurosis de angustia puede ser curada por medio de un tratamiento, el mismo Loewenfeld habrá de concluir que la herencia no puede contener la etiología.

Por lo demás, me hubiera podido evitar el trabajo de rebatir las dos indicadas objeciones de Loewenfeld sólo con que mi estimado contradictor se hubiera tomado la molestia de dedicar alguna mayor atención a mi estudio. Ambas están previstas y contestadas en él. No tenía, pues, más que repetir mis argumentos, y así lo he hecho, analizando de nuevo aquí los mismos casos clínicos. También las fórmulas etiológicas que antes hice valer se hallaban contenidas en nuestro primer escrito. Las consignaremos de nuevo: existe, para la neurosis de angustia, un factor etiológico específico, cuya acción puede ser reemplazada cuantitativamente por influencias nocivas vulgares, pero nunca sustituida cualitativamente. Este factor específico determina, sobre todo, la forma de la neurosis, mientras que la emergencia o la falta de la enfermedad neurótica dependen de la carga total que pesa sobre el sistema nervioso (en proporción con su capacidad para soportarla). Por lo regular, las neurosis se muestran *sobredeterminadas*, actuando en sus etiologías variados factores.

3) Menos trabajo aún ha de costarme rebatir las restantes observaciones de Loewenfeld, en parte porque atacan menos directamente a mi teoría, y en parte por limitarse a hacer resaltar dificultades que yo mismo reconozco. Dice Loewenfeld: "La teoría freudiana es insuficiente en absoluto para explicar al detalle la emergencia y la desaparición de los ataques de angustia. Si los estados de angustia, esto es, los fenómenos de la neurosis de angustia, fueron simplemente motivados por la acumulación subcortical de la excitación sexual somática y el aprovechamiento anormal de la misma, los enfermos de ataques de angustia tendrían que sufrir de tiempo en tiempo, en tanto su vida sexual no cambiase, uno de tales ataques, del mismo modo que los epilépticos sus ataques de *grand mal* y de *petit mal*. Pero la experiencia cotidiana testimonia en lo contrario. Los ataques de angustia surgen, en su gran mayoría, sólo en determinadas circunstancias, y el paciente que logra evitarlas o paralizar su influjo permanece al abrigo de todo ataque, lo mismo si practica el coito interrumpido que si goza de una vida sexual normal".

Sobre esto habría mucho que decir. Ante todo, es de advertir que Loewenfeld impone a mi teoría una deducción que la misma no tiene por qué aceptar. Que la acumulación de la excitación sexual somática haya de motivar procesos de curso análogo a los dependientes de la acumulación del estímulo provocador de las convulsiones epilépticas, es una hipótesis para la cual no hemos dado ocasión alguna, no siendo tampoco la única posible. Para destruir la conclusión de Loewenfeld nos bastará admitir que el sistema nervioso puede dominar cierta medida de excitación sexual somática, aunque esta se halle desviada de su fin, y que las perturbaciones no surgen sino cuando la cuantía de tal excitación experimenta un súbito incremento. Pero no hemos querido desarrollar nuestra teoría en esta dirección porque no esperábamos hallar en ella sólidos puntos de apoyo. Me limitaré, pues, a indicar que no debemos representarnos la producción de tensión sexual como independiente de su gasto y que en la vida sexual normal se conforma esta producción de un modo muy distinto, según sea estimulada por el objeto sexual o suceda en estado de reposo psíquico, etc.

A la otra afirmación de Loewenfeld de que los estados de angustia sólo emergen en determinadas circunstancias, evitando las cuales no se presentan nunca, cualquiera que sea la vida sexual del sujeto, hemos de oponer que nuestro contradictor no debe de haber tenido en cuenta, seguramente, al hablar así, más que la angustia de las fobias, como lo prueban los ejemplos que aduce. De los ataques de angustia espontáneos, constituidos por vértigos, taquicardia, disnea, temblores, sudores, etc., no dice absolutamente nada. Y, sin embargo, no nos parece nuestra teoría incapaz de explicar la emergencia y la falta de tales ataques. En toda una serie de estos casos de neurosis de angustia se da realmente la apariencia de una periodicidad de los ataques de angustia, análoga a la observada en la epilepsia, con la diferencia de que el mecanismo de tal periodicidad se muestra aquí mucho más transparente. Una detenida investigación nos descubre con gran regularidad un proceso sexual excitante (esto es, capaz de producir tensión sexual), al cual se enlaza, después de un determinado intervalo, a veces constante, el ataque de angustia. Tales procesos son en las mujeres abstinentes la excitación menstrual, las poluciones nocturnas, también de retorno periódico, y, sobre todo, el comercio sexual nocivo por su imperfección, que transmite a sus consecuencias, o sea, los ataques de angustia, su propia periodicidad. Cuando se presentan ataques de angustia que interrumpen la acostumbrada periodicidad, se consigue casi siempre referirlos a causas ocasionales, de aparición más rara e irregular, tales como una experiencia sexual aislada, una lectura, una representación, etc. El intervalo antes indicado oscila entre algunas horas y dos días, siendo el mismo con el que en otras personas se presenta, a consecuencia de iguales causas, la conocida jaqueca sexual, relacionada seguramente con el complejo de síntomas de la neurosis de angustia.

Al lado de estos hay otros muchos casos en los que el estado de angustia es provocado por la acumulación de un factor vulgar o por una cualquier excitación. Así, pues, en la etiología del estado de angustia aislado pueden tener los factores vulgares la misma intervención cuantitativa que en la causación de la neurosis total. El hecho de que la angustia de las fobias obedezca a otras condiciones no tiene nada de extraño. Las fobias poseen una contextura más complicada que los ataques de angustia meramente somáticos. La angustia se encuentra enlazada en ellas al contenido de una representación o una percepción determinadas, y la emergencia de este contenido psíquico es la condición principal para la de la angustia. La angustia es desarrollada entonces análogamente a como lo es la tensión sexual por el despertar de representaciones libidinosas. Pero, de todos modos, la conexión de este proceso con la teoría de la neurosis de angustia no ha quedado aún aclarada.

No veo por qué habría de procurar ocultar las lagunas ni los puntos débiles de mi teoría. Para mí, el rasgo principal del problema de las fobias está en el hecho de que tales perturbaciones no surgen jamás dada una vida sexual normal del sujeto, o sea, cuando no aparece cumplida la condición consistente en la existencia de una perturbación de la vida sexual en el sentido de un extrañamiento entre lo somático y lo psíquico. Por muy densa que sea aún la obscuridad en que permanece el mecanismo de las fobias, sólo podrá rebatirse nuestra teoría sobre ellas demostrando su aparición en sujetos de vida sexual normal o la falta de una perturbación específicamente determinada de la misma.

4) Nuestro distinguido crítico hace aún otra observación que no queremos dejar sin respuesta.

En nuestro estudio sobre la neurosis de angustia decimos así:

"En algunos casos de neurosis de angustia nos resulta imposible descubrir un proceso etiológico, siendo precisamente estos casos en los que se nos hace más fácil comprobar la existencia de una grave tara hereditaria.

»Pero cuando poseemos algún fundamento para creer que se trata de una neurosis adquirida, hallamos siempre, después de un cuidadoso examen, como factores etiológicos una serie de perturbaciones e influencias nocivas provenientes de la vida sexual". Loewenfeld reproduce este pasaje y lo glosa en la forma siguiente: "Así, pues, Freud considera 'adquirida' la neurosis, siempre que le es dado hallar causas ocasionales en la misma".

Si es este el sentido que se deduce de mis palabras, habré de confesar que no he acertado a expresar con ellas mi verdadero pensamiento. Ya habrá visto el lector que mi valoración de las causas ocasionales es bastante más severa que la de Loewenfeld. Si hubiese de aclarar el pasaje antes copiado, lo haría ampliándolo en la siguiente forma: "Pero cuando poseemos algún fundamento para creer que se trata de una neurosis adquirida...", *puesto que no nos resulta posible comprobar la existencia de una tara hereditaria...* En concreto, mi verdadero pensamiento es este: creo que se trata de una neurosis adquirida cuando no hallo en el caso huella alguna de herencia. Obrando así me conduzco como todos, quizá con la pequeña diferencia de que algunos ven también una etiología hereditaria en aquellos casos en los que nada la hace suponer, prescindiendo así, en absoluto, de la categoría de las neurosis adquiridas. Ahora bien; esta diferencia no puede serme sino favorable. De todos modos, confieso haber dado fácil ocasión al error de interpretación de Loewenfeld al hablar de "casos de neurosis de angustia" en los que "nos resulta imposible descubrir un proceso etiológico". No extrañaré tampoco oír que mi investigación de las causas específicas de las neurosis es totalmente superflua, toda vez que la verdadera etiología de la neurosis de angustia, como de las demás neurosis, no es otra que la herencia, no pudiendo coexistir en ningún caso dos causas primeras. Y no habiendo yo negado el papel etiológico de la herencia, todas las demás etiologías no serían sino causas ocasionales de un igual valor, muy secundario.

No comparto ciertamente esta opinión sobre la significación de la herencia, y siendo este el tema al que menos espacio concedí en mi breve comunicación sobre la neurosis de angustia, intentaré ahora compensar tal omisión para que no se me acuse de no haber atendido en mi estudio a todos los problemas que la cuestión tratada planteaba.

Para formarnos una idea lo más precisa posible de las circunstancias etiológicas, realmente muy complicadas, de las neurosis, creo conveniente fijar los siguientes conceptos etiológicos:

a) condición; *b)* causa específica; *c)* causa concurrente; y como término de valor inferior a los anteriores; *d)* motivación inmediata o causa provocadora.

Para hacer frente a todas las posibilidades, supondremos que se trata de factores etiológicos susceptibles de transformación cuantitativa, o sea, de aumento y disminución.

Aceptando la representación de una ecuación etiológica de varios términos, que habrá de cumplirse para que el efecto se produzca, la motivación o causa provocadora será aquella que se incorpore en último lugar a la ecuación, precediendo así inmediatamente a la emergencia del efecto. Este factor temporal es lo que constituye exclusivamente la esencia de la motivación. Cualquiera de las demás causas puede así desempeñar en su caso este papel.

Llamamos *condiciones* a aquellos factores faltando los cuales no surgiría nunca el efecto, pero que son incapaces de producirlo por sí solos, cualquiera que sea su magnitud. Es necesario que se agregue a ellos la causa específica.

Esta *causa específica* es aquella que no dejamos jamás de hallar en los casos de emergencia del efecto, bastándole para producirlo alcanzar una cierta intensidad o cantidad, siempre que las condiciones se encuentren cumplidas.

Causas concurrentes son aquellos factores que, no siendo indispensables, ni pudiendo producir por sí solos el efecto, cualquiera que sea su intensidad, colaboran con las condiciones y la causa específica en el cumplimiento de la ecuación etiológica.

La peculiaridad de las causas concurrentes o auxiliares no presentan obscuridad alguna. Pero ¿cómo distinguir entre sí las condiciones y las causas específicas, indispensables ambas, pero insuficiente cada una para producir por sí sola el efecto?

Las siguientes circunstancias parecen permitirnos su diferenciación. Entre las "causas necesarias" encontramos varias que retornan en las ecuaciones etiológicas de muchos otros efectos, revelando así no hallarse especialmente enlazadas a la producción de uno determinado. En cambio, una de tales causas se opone, desde este punto de vista, a todas las demás, por el hecho de no aparecer casi en ninguna otra fórmula etiológica, pudiendo así aspirar a la categoría de causa específica del efecto correspondiente. Además, las condiciones y las causas específicas se diferencian con especial precisión en aquellos casos en los que las condiciones tienen el carácter de estados duraderos, correspondiendo, en cambio, la causa específica a un factor de acción reciente.

Intentaremos dar un ejemplo de este esquema etiológico completo:

Efecto: Phtisis pulmonum.

Condición: Disposición. Hereditaria casi siempre por constitución orgánica.

Causa específica: El bacilo de Koch.

Causas auxiliares: Todo lo que trae consigo una despotenciación. Tanto una emoción como una infección o un enfriamiento.

El esquema de la etiología de la neurosis de angustia es análogamente:

Condición: Herencia.

Causa específica: Un factor sexual que actúa en el sentido de desviar de lo psíquico la tensión sexual.

Causas auxiliares: Todas las influencias nocivas vulgares, la emoción, el sobresalto o el agotamiento por enfermedad o por exceso de trabajo.

Examinando detalladamente esta fórmula etiológica de la neurosis de angustia, podemos agregar aún a ella las siguientes observaciones: No es posible decidir aún con seguridad si para la emergencia de la neurosis es precisa una especial constitución personal (que no necesitaría hallarse confirmada hereditariamente), o si cualquier hombre normal puede contraer tal enfermedad a causa de un incremento eventual del factor específico. Sin embargo, me inclino mucho a suponer esto último. La disposición hereditaria es la condición más importante de la neurosis de angustia, pero no es indispensable, pues falta en toda una serie de casos límites. El factor específico sexual se nos evidencia en la inmensa mayoría de los casos. En otros (congénitos) no se distingue de la herencia, sino que queda cumplido con ella misma, o sea, que los enfermos llevan en sí como un estigma aquella particularidad de la vida sexual (la insuficiencia psíquica para dominar la tensión sexual somática), que en las demás ocasiones conduce a la adquisición de la neurosis. Por último, en otra serie de casos límites, la causa específica se halla contenida en una concurrente. Así, sucede, por ejemplo, cuando la indicada insuficiencia psíquica es debida al agotamiento, etc. Todos estos casos forman series continuas y no categorías aisladas, siendo en todos ellos uno mismo el destino de la tensión sexual, y pudiéndose aplicar a su gran mayoría la distinción entre condición, causa específica y causa auxiliar, conforme a la estructura de la ecuación etiológica antes indicada.

Mi experiencia clínica no integra aún caso alguno de neurosis de angustia en el que la disposición hereditaria y el factor específico sexual siguieran una conducta opuesta.

Por el contrario, estos dos factores etiológicos se apoyan y complementan mutuamente. El factor sexual no actúa casi siempre, sino sobre personas con taras hereditarias. Por su parte, la herencia no puede por sí sola producir una neurosis de angustia, sino que espera la aparición de una magnitud suficiente de la influencia sexual específica nociva. De este modo, el descubrimiento de la tara hereditaria no evita la investigación de un factor específico, cuyo descubrimiento es, además, lo interesante desde el punto de vista terapéutico. ¿De qué puede, en efecto, servirnos terapéuticamente el descubrimiento de la herencia como etiología? La herencia viene pesando sobre el enfermo desde su nacimiento, y lo acompañará hasta su muerte. Por sí sola no puede explicarnos la emergencia episódica de una neurosis ni tampoco su desaparición bajo los efectos de un tratamiento. No es más que una *condición* de la neurosis, muy importante desde luego, pero exageradamente valorada en perjuicio de la terapia y de la comprensión teórica. Recuérdese, para llegar por medio del contraste de los hechos a un mayor convencimiento, aquellos casos de enfermedades nerviosas familiares (corea crónico, enfermedad de Thomsen, etc.), en los cuales reúne en sí la herencia todas las condiciones etiológicas.

Para concluir, repetiré aquellas frases sintéticas en las que he integrado las relaciones mutuas de los diversos factores etiológicos:

I. La génesis de una enfermedad neurótica depende de un factor cuantitativo, de la carga total del sistema nervioso en proporción a su capacidad de resistencia. Todo lo susceptible de mantener a este factor por debajo de un determinado nivel o reducirlo a él tiene eficacia terapéutica, evitando el cumplimiento de la ecuación etiológica.

Sobre la base de ciertas hipótesis referentes a la función nerviosa resultaría fácil explicar más detalladamente lo que hemos de entender por "carga total" y "capacidad de resistencia" del sistema nervioso.

II. La extensión de la neurosis depende, en primer lugar, de la medida de la tara hereditaria. La herencia actúa como un multiplicador interpolado en un circuito eléctrico, que hace aumentar en cierto número de veces la desviación de la aguja.

III. La forma de la neurosis depende exclusivamente del factor etiológico específico procedente de la vida sexual.

Espero que en conjunto, y no obstante las muchas dificultades aún no solucionadas que la cuestión plantea, ha de ser mi estudio de la neurosis de angustia mucho más fructífero para la comprensión de las neurosis que la tentativa de Loewenfeld de solucionar el mismo problema con el descubrimiento de *una reunión de síntomas neurasténicos e histéricos en forma de ataque.*

Nuevas observaciones sobre la neuropsicosis de defensa

En un breve estudio, publicado en 1894, hube de reunir bajo el nombre de *neuropsicosis de defensa* la histeria, las representaciones obsesivas y algunos casos de locura alucinatoria, fundándome en que los síntomas de todas estas afecciones son un producto del mecanismo psíquico de la defensa (inconsciente), surgiendo, por lo tanto, a consecuencia de la tentativa de reprimir una representación intolerable, penosamente opuesta al *yo* del enfermo. En el libro que sobre la histeria[24] he publicado después en colaboración con el doctor Breuer, he expuesto, con ayuda de varias observaciones clínicas, el sentido en que ha de interpretarse este proceso psíquico de la "defensa" o la "represión", describiendo también el método psicoanalítico, penoso pero seguro, de que me sirvo en estas investigaciones, las cuales constituyen, simultáneamente, una terapia.

Los resultados obtenidos en estos dos últimos años de trabajo han robustecido mi inclinación a considerar la defensa como el nódulo del mecanismo psíquico de las mencionadas neurosis, y me han permitido, además, proporcionar a la teoría psicológica una base clínica. Para mi propia sorpresa he tropezado con algunas soluciones sencillas, pero precisamente determinadas, de los problemas de las neurosis, soluciones que me propongo exponer en el presente estudio. No pudiendo integrar en él, por su forzosa brevedad, las pruebas de mis afirmaciones, espero darles cabida en una próxima publicación, más amplia.

[24] Véase el tomo X de estas *Obras Completas*.

I. La etiología "específica" de la histeria

Ya en otras ocasiones anteriores hemos expuesto Breuer y yo la teoría de que los síntomas de la histeria sólo se nos hacen comprensibles cuando los referimos a experiencias de efecto "traumático" o traumas psíquicos de carácter sexual. Lo que hoy me propongo agregar a lo ya expuesto, como resultado uniforme del análisis de trece casos de histeria, se refiere, por un lado, a la naturaleza de estos traumas sexuales, y por otro, al período de la vida individual en el que acaecen. Para la causación de la histeria no basta que en una época cualquiera de la vida surja un suceso, relacionado en algún modo con la vida sexual, y que llegue a hacerse patógeno por el desarrollo y la represión de un afecto penoso.

Es preciso que tales traumas sexuales sobrevengan en la temprana infancia del sujeto (la época anterior a la pubertad) y su contenido ha de consistir en una irritación real de los genitales en procesos análogos al coito.

En todos los casos de histeria por mí analizados (entre ellos dos de histeria masculina) he hallado cumplida esta condición específica de la histeria —la pasividad sexual en tiempos presexuales—, condición que, además de disminuir considerablemente la significación etiológica de la disposición hereditaria, explica la frecuencia infinitamente mayor de la histeria en el sexo femenino, el cual ofrece durante la infancia mayores atractivos a la agresión sexual.

Contra este resultado se objetará, seguramente, que los atentados sexuales cometidos en sujetos infantiles aún impúberes son demasiado frecuentes para poder concederles un serio valor etiológico. O también que, por tratarse de sujetos cuya sexualidad no está aún desarrollada, no pueden tener tales sucesos efecto alguno. Por último, se alegará la posibilidad de ser nosotros mismos los que sugerimos al paciente tales recuerdos durante el tratamiento y se nos prevendrá contra una aceptación demasiado crédula de las manifestaciones de estos enfermos, tan dados a fantasear. Y a estas dos últimas objeciones he de contestar que para poder emitir algún juicio sobre este obscuro sector es necesario haberse servido alguna vez del único método susceptible de arrojar alguna luz sobre él, esto es, del psicoanálisis, por medio del cual logramos hacer consciente lo inconsciente. Las dos primeras quedarán contestadas en lo esencial con la observación de que no son los sucesos mismos los que actúan traumáticamente, sino su *recuerdo*, emergente cuando el individuo ha llegado ya a la madurez sexual.

Mis trece casos de histeria eran todos graves y databan ya de muchos años, algunos de ellos a pesar de un largo tratamiento médico ineficaz. Los traumas infantiles que en ellos descubrió el análisis eran todos de orden sexual, y en ocasiones de un carácter extraordinariamente repugnante. Entre los culpables de estos abusos de tan graves consecuencias figuraban, en primer lugar, niñeras, *nurses* y otras personas del servicio, a las cuales se abandona imprudentemente el cuidado de los niños, y luego, con lamentable frecuencia, personas dedicadas a la enseñanza infantil. En siete de los trece casos indicados se trataba, en cambio, de inocentes agresores infantiles, casi siempre hermanos que habían mantenido durante años enteros relaciones sexuales con sus hermanas poco menores que ellos. Por lo común, el origen de estas relaciones era uno mismo: el hermano había sido objeto de un abuso sexual por parte de una persona perteneciente al sexo femenino, y despertaba así, prematuramente, su libido, habría repetido años después, con su hermana, exactamente las mismas prácticas a las que antes le habían sometido.

La masturbación activa debe ser excluida de la lista de las influencias sexuales patógenas productoras de la histeria. El hecho de aparecer tan frecuentemente asociada a esta enfermedad depende de ser, con mayor frecuencia de lo que se cree, una secuela del abuso o la seducción. No es raro que los dos miembros de la pareja infantil enfermen ulteriormente de neurosis de defensa, mostrando el hermano representaciones obsesivas y la hermana una histeria, lo cual da al caso una apariencia de disposición neurótica familiar. Pero esta seudo herencia revela en seguida su inexactitud. En uno de mis casos, se hallaban enfermos el hermano, la hermana y un primo algo mayor. El análisis del hermano me descubrió que se reprochaba obsesivamente ser la causa de la enfermedad de su hermana. Por su parte, él había sido pervertido por su primo, y este, a su vez, según me comunicó la familia, había sido víctima de la sexualidad de su niñera.

No me es posible indicar con seguridad el límite de edad hasta el cual una influencia sexual puede constituirse en factor etiológico de la histeria, pero dudo mucho de que la pasividad sexual pueda ya suscitar una represión después de los ocho o los diez años, a menos que la capaciten para ello sucesos anteriores. El límite inferior alcanza tanto como la facultad de recordar, o sea, hasta la tierna edad de año y medio o dos años (dos casos). En un cierto número de los casos analizados, el trauma sexual (o serie de traumas) había sobrevivido entre los tres y los cuatro años. Yo mismo me resistía a creer estos extraños descubrimientos, si el desarrollo de la neurosis ulterior no impusiera su aceptación. En todos los casos hallamos una serie de costumbres patológicas, síntomas y fobias que sólo por medio de su referencia a tales experiencias infantiles resultan explicables, y el enlace lógico de las manifestaciones neuróticas hace imposible rechazar dichos recuerdos de la niñez, fielmente conservados. Claro está que sería inútil querer interrogar a un histérico sobre estos traumas infantiles fuera del psicoanálisis, pues su huella no se encuentra jamás en la memoria consciente y sí sólo en los síntomas patológicos.

Las experiencias y las excitaciones que preparan o motivan, en el período posterior a la pubertad, la explosión de la histeria no hacen sino despertar la huella mnémica de aquellos traumas infantiles, huella que tampoco se hace entonces consciente, pero provoca el desarrollo de afectos y la represión. Con este papel de los traumas ulteriores armoniza el hecho de que no aparecen sometidos a la estricta condicionalidad de los traumas infantiles, sino que pueden variar en intensidad y constitución, desde el verdadero abuso sexual hasta la simple aproximación de igual orden, la percepción de actos sexuales realizados por otras personas o la audición de relatos de procesos sexuales[25].

En mi primera comunicación sobre las neurosis de defensa quedó inexplicado cómo la tendencia del sujeto hasta entonces sano a olvidar una tal experiencia traumática podía producir realmente la represión propuesta y abrir con ellos las puertas a la neurosis. Este resultado no podía depender de la naturaleza de la experiencia, puesto que otras personas permanecían sanas, no obstante haber sufrido idéntico trauma.

Así, pues, la histeria no quedaba totalmente explicada por la acción del trauma, debiéndose aceptar que ya antes del mismo existía en el sujeto una capacidad para la reacción histérica.

En el lugar de esta indeterminada disposición histérica podemos situar ahora, total o fragmentariamente, el efecto póstumo del trauma sexual infantil. La "represión" del recuerdo de una experiencia sexual penosa de los años de madurez sólo

---

[25] En un ensayo sobre la neurosis de angustia, comprendido en el presente volumen, hube de exponer que "un primer contacto con el problema sexual podía provocar en las adolescentes la emergencia de una neurosis de angustia, combinada de un modo casi típico con una histeria". Hoy sé que la ocasión en que surge esta angustia virginal no corresponde al primer contacto con la sexualidad, sino que tales sujetos han pasado en su infancia por una experiencia sexual pasiva, cuyo recuerdo es despertado en dicho primer contacto.

es alcanzada por personas en las que tal experiencia pueda activar la acción de un trauma infantil[26].

Las representaciones obsesivas tienen también como premisa una experiencia infantil de un orden distinto al de las descubiertas en los histéricos. La etiología de ambas neurosis de defensa ofrece la siguiente relación con la etiología de las dos neurosis simples: la neurastenia y la neurosis de angustia. Estas dos últimas afecciones son efectos inmediatos de las prácticas sexuales nocivas, cosa que ya explicamos en un estudio sobre la neurosis de angustia, publicado en 1895. En cambio, las dos neurosis de defensa son consecuencias mediatas de influencias sexuales nocivas que han actuado antes de la madurez sexual, esto es, consecuencia de las huellas mnémicas psíquicas de tales influencias. Las causas actuales que producen la neurastenia y la neurosis de angustia desempeñan muchas veces al mismo

---

[26] Una teoría psicológica de la represión habría de explicarnos también por qué son las representaciones de contenido sexual las únicas que pueden ser reprimidas. He aquí algunas indicaciones: El representar de contenido sexual produce en los genitales procesos de excitación análogos a los de la propia experiencia sexual. Podemos suponer que esta excitación somática se transforma en excitación psíquica. Por lo común, el efecto correspondiente es en la experiencia real mucho más fuerte que en el recuerdo de la misma. Pero cuando la experiencia real ha sobrevenido en una época anterior a la madurez sexual y su recuerdo es despertado en tiempos posteriores a la misma, actúa el recuerdo produciendo una excitación incomparablemente más intensa de la que en su día produjo la experiencia, pues en el intermedio ha elevado la pubertad, de un modo extraordinario, la capacidad de reacción del aparato sexual. Esta relación inversa entre la experiencia real y el recuerdo es lo que parece integrar la condición de la represión. La vida sexual ofrece —por el retraso de la pubertad con respecto a las funciones psíquicas— la única posibilidad existente de una tal inversión de la eficacia relativa. Los traumas infantiles actúan *a posteriori* como experiencias recientes, pero ya desde lo inconsciente. Los límites de este estudio me imponen aplazar para otra ocasión más amplias explicaciones psicológicas. Sólo quiero indicar aún que la época de "maduración sexual" a la que aquí me refiero no coincide con la pubertad, sino que es anterior a ella (de los ocho a los diez años).

tiempo el papel de causas despertadoras de las neurosis de defensa. Por otro lado, las causas específicas de las neurosis de defensa pueden constituir la base de una neurastenia ulterior, no siendo tampoco raro que una neurastenia o una neurosis de angustia sean mantenidas en lugar de prácticas sexuales nocivas actuales, sólo por el recuerdo perdurable de traumas infantiles[27].

II. Esencia y mecanismo de la neurosis obsesiva

En la etiología de la neurosis obsesiva tienen las experiencias sexuales de la temprana infancia la misma significación que en la histeria; pero no se trata ya de la pasividad sexual, sino de agresiones de este orden llevadas a cabo con placer o de una gozosa participación en actos sexuales, esto es, de actividad sexual. De esta diferencia en las circunstancias etiológicas depende la mayor frecuencia de la neurosis obsesiva en el sexo masculino.

Por otra parte, en el fondo de todos mis casos de neurosis obsesiva he hallado síntomas histéricos, que el análisis demostraba dependientes de una escena de pasividad sexual anterior a la intervención sexual activa. A mi juicio, esta coincidencia es regular, y la agresión sexual prematura supone siempre una experiencia pasiva anterior. No me es posible presentar aún una

[27] *Adición en 1924:* Todo este capítulo se halla dominado por un error, que más tarde ha reconocido y rectificado repetidamente. Al escribirlo no sabíamos distinguir, de los recuerdos reales del sujeto, sus fantasías sobre sus años infantiles. En consecuencia, adscribimos a la seducción, como factor etiológico, una importancia y una generalidad de las que carece. Al superar este error fue cuando se nos hizo visible el campo de las manifestaciones espontáneas de la sexualidad infantil, que describimos en nuestras *Aportaciones a una teoría sexual,* publicadas en 1905 (véase el tomo II de esta colección). Sin embargo, no todo lo expuesto en el capítulo que antecede debe ser rechazado, pues la seducción conserva aún un cierto valor etiológico. Así mismo, creo aún exacta algunas de las observaciones psicológicas en él desarrolladas.

exposición definitiva de la etiología de la neurosis obsesiva. Pero tengo la impresión de que el factor que decide si de los traumas infantiles ha de surgir una histeria o una neurosis obsesiva se halla relacionado con las circunstancias temporales de la libido.

La esencia de la neurosis obsesiva puede encerrarse en una breve fórmula: las representaciones obsesivas son reproches transformados, de retorno de la represión, y referentes siempre a un acto sexual de la niñez ejecutado con placer. Para explicar esta fórmula será necesario describir el curso típico de una neurosis obsesiva.

Los sucesos que contienen el germen de la neurosis se desarrollan en un primer período, al que podemos dar el nombre de la *inmoralidad infantil.* Primero, en la más temprana infancia, tienen efecto las experiencias pasivas, que más tarde hacen posible la represión, sobreviniendo luego los actos de agresión sexual contra el sexo contrario, los cuales motivan ulteriormente los reproches.

A este período pone fin la iniciación —a veces también adelantada— de la "maduración" sexual. Al recuerdo de aquellos actos placenteros se enlaza entonces un reproche, y la conexión en que se hallan con las experiencias iniciales de pasividad hace posible —con frecuencia después de un esfuerzo consciente, recordado luego— su represión y sustitución por un síntoma primario de defensa. Los escrúpulos, la vergüenza, la desconfianza en sí mismo son síntomas de este orden, con los cuales comienza el tercer período: el de la salud aparente, y, en realidad, de la defensa conseguida.

El período siguiente, el de la enfermedad, se caracteriza por el retorno de los recuerdos reprimidos, o sea, por el fracaso de la defensa, siendo aún indeciso si el despertar de dichos recuerdos es con mayor frecuencia, casual y espontáneos, o consecuencia y efecto secundario de perturbaciones sexuales actuales. Los recuerdos reanimados y los reproches de ellos surgidos no pasan nunca a la conciencia sin sufrir grandes alteraciones, y así, aquello que se hace consciente como representaciones y afectos obsesivos, sustituyendo para la vida consciente al recuerdo patógeno, son transacciones entre las representaciones reprimidas y las represoras.

Para describir precisa y exactamente los procesos de la represión y de la formación de representaciones transaccionales, habríamos de decidirnos a admitir hipótesis muy definidas sobre el sustrato del suceder psíquico y de la conciencia. Mientras queramos evitar tales hipótesis, habremos de contentarnos con las siguientes observaciones: existen dos formas de neurosis obsesiva, según que el paso a la conciencia sea forzado tan sólo por el contenido mnémico de la acción, base del reproche, o también por el afecto concomitante. El primer caso es el de las representaciones obsesivas típicas, en las cuales el contenido atrae toda la atención del enfermo, no sintiendo este como afecto sino un vago displacer en lugar del correspondiente al reproche, único que armonizaría con el contenido de la representación. Este contenido de la representación obsesiva aparece doblemente deformado con relación al acto infantil motivador, mostrándose sustituido lo pasado por algo actual, y reemplazado lo sexual por algo análogo no sexual. Estas dos transformaciones son obra de la tendencia a la represión, aún perdurante, tendencia que hemos de atribuir al *yo*. La influencia del recuerdo patógeno reanimado se muestra en el hecho de que el contenido de la representación obsesiva es todavía fragmentariamente idéntico al reprimido, o se deduce de él de un modo lógico. Si con ayuda del método psicoanalítico reconstruimos la génesis de una representación obsesiva, hallamos que de una impresión actual parten dos procesos mentales, uno de los cuales, el que integra el recuerdo reprimido, se demuestra tan correctamente lógico como el otro, a pesar de no ser capaz de conciencia ni susceptible de rectificación. Cuando los resultados de estas dos operaciones psíquicas no coinciden, no tiene lugar la supresión lógica de la contradicción existente entre ambas, sino que al lado del resultado mental normal entra en la conciencia, a título de transacción entre la resistencia y el resultado mental patológico, una representación obsesiva aparentemente absurda. Cuando ambos procesos mentales dan el mismo resultado, se robustecen mutuamente, resultando así que un resultado mental normal se conduce como una representación obsesiva. Toda obsesión neurótica emergente en lo psíquico tiene su origen en la represión. Las representaciones obsesivas tienen, digámoslo así, curso psíquico forzoso, no por su propio valor, sino por la fuente de la que emanan o que las ha intensificado.

La neurosis obsesiva toma una segunda forma cuando lo que alcanza una representación en la vida psíquica consciente no es el contenido mnémico reprimido, sino el reproche, reprimido también. El afecto correspondiente al reproche puede transformarse, por medio de un incremento psíquico, en cualquier otro afecto displaciente. Sucedido esto, nada hay ya que se oponga a que el afecto sustitutivo se haga consciente. De este modo, el reproche (de haber realizado en la niñez el acto sexual de que se trate) se transforma fácilmente en vergüenza (de que otra persona lo sepa), en miedo hipocondríaco (de las consecuencias físicas de aquel acto), en miedo social (a la condenación social del delito cometido), en miedo a la tentación (desconfianza justificada en la propia fuerza moral de resistencia), en miedo religioso, etc. En todos estos casos, el contenido mnémico del acto motivo del reproche puede también hallarse representado en la conciencia o quedar completamente desvanecido, circunstancia esta última que dificulta extraordinariamente el diagnóstico. Muchos casos, que después de una investigación superficial se consideran como de hipocondría vulgar (neurasténica), pertenecen a este grupo de los afectos obsesivos. Así, la llamada "neurastenia periódica" o "melancolía periódica" resulta ser, con insospechada frecuencia, una neurosis obsesiva de esta segunda forma, descubrimiento de no escasa importancia terapéutica.

Al lado de estos síntomas transaccionales, que significan el retorno de lo reprimido, y con ello el fracaso de la defensa primitivamente conseguida, forma la neurosis obsesiva otros, de un origen totalmente distinto. El *yo* intenta, en efecto, defenderse de las ramificaciones del recuerdo inicialmente reprimido y crea en esta lucha defensiva síntomas que podríamos reunir bajo el nombre de "defensa secundaria". Son estos síntomas, en su totalidad, "medidas preventivas", que prestan buenos servicios en la lucha contra las representaciones y los afectos obsesivos. Si estos elementos auxiliares consiguen efectivamente en la lucha defensiva reprimir de nuevo los síntomas del retorno, impuestos al *yo*, la obsesión se transferirá a las medidas preventivas mismas y creará una tercera forma de la "neurosis obsesiva": *los actos obsesivos*. Estos actos no son nunca primarios, ni contienen otra cosa que una defensa y jamás una agresión. El análisis psíquico demuestra, que, no obstante su singularidad, resultan siempre explicables refiriéndolos al recuerdo obsesivo contra el cual combaten[28].

---

[28] Un solo ejemplo de los muchos que podríamos aducir.

Un niño de once años realizaba de un modo obsesivo, al ir a acostarse, el ceremonial siguiente: no se dormía hasta después de haber contado a su madre, punto por punto, todos los sucesos del día; sobre la alfombra de la alcoba no debía haber ningún trozo de papel ni cosa alguna semejante. La cama había de estar arrimada a la pared, con tres sillas delante por el lado opuesto, y con las almohadas colocadas en una determinada forma. Por último, antes de decidirse a dormir, el infantil sujeto tenía que contraer y estirar violentamente las piernas varias veces y colocarse luego de costado.

Todo esto se explicó del modo siguiente: años antes, la niñera encargada de acostar al niño había aprovechado la ocasión para echarse en la cama encima de él y abusar de él sexualmente. Cuando, luego, un suceso reciente despertó el recuerdo de tales escenas, se manifestó este recuerdo, en la conciencia, bajo la forma del ceremonial obsesivo antes descrito, cuyo sentido, fácil de adivinar,

La defensa secundaria contra las representaciones obsesivas puede consistir en una violenta desviación del pensamiento hacia otras ideas, lo más opuestas posible. Así, en el caso de la especulación obsesiva recae esta sobre temas abstractos contrapuestos al carácter, siempre concreto, de las representaciones reprimidas. En otras ocasiones intenta el enfermo dominar cada una de sus ideas obsesivas por medio de un proceso mental lógico, y acogiéndose a sus recuerdos conscientes, conducta que le lleva al examen y a la duda obsesivos. La preferencia que en este examen obsesivo da el enfermo a la percepción sobre el recuerdo le impulsa primero y le fuerza después a coleccionar y conservar todos los objetos con los que entra en contacto. La defensa secundaria contra los afectos obsesivos da origen a una gran serie de medidas preventivas, susceptibles de transformarse en actos obsesivos. Tales medidas preventivas pueden clasificarse, según su tendencia, en los siguientes grupos: medidas de penitencia (ceremoniales molestos, observaciones de los números), de preservación (fobias de todas clases, superstición, minuciosidad, incremento del síntoma primario de los escrúpulos), del miedo a delatarse (colección cuidadosa de todo papel escrito, misantropía), de aturdimiento (dipsomanía).

---

fue descubierto y comprobado por el análisis en todos sus puntos. La cama debía estar arrimada a la pared y tener adelante tres sillas por el otro lado para que nadie pudiese tener acceso a ella. Las almohadas debían hallarse colocadas en un orden determinado para que este orden fuese distinto del de la noche del suceso. El contraer y estirar violentamente las piernas respondía al acto de separar a la persona echada sobre el sujeto, y la necesidad de ponerse de costado, al hecho de haber yacido entonces de espaldas. La minuciosa confesión ante la madre era la compensación de haberle callado aquella y otras escenas sexuales, obedeciendo a la prohibición de su corruptora. Por último, la limpieza absoluta de la alfombra de la alcoba significaba el deseo de que la madre no tuviera nada que reprocharle.

Entre todos estos actos e impulsos obsesivos, corresponde a las fobias el lugar más importante.

Hay casos en los que se puede observar cómo la obsesión se transfiere desde la representación o el afecto a la medida preventiva; en otros oscila periódicamente la obsesión entre el síntoma del retorno y el de la defensa secundaria. Por último, hay también casos en los que no se forma ninguna representación obsesiva, quedando inmediatamente representado el recuerdo reprimido por la medida de defensa, aparentemente primaria. En estos casos es alcanzado de un salto el estadio final de la neurosis, ulterior a la lucha defensiva. Los casos graves de esta afección culminan en la fijación de los actos ceremoniales y la emergencia de la locura de duda, o en una existencia extravagante del enfermo, condicionada por las fobias.

El hecho de no encontrar crédito la representación obsesiva ni ninguno de sus derivados procede quizá de que en la primera represión quedó ya constituido el síntoma de la escrupulosidad, que ha adquirido también un carácter obsesivo. La seguridad de haber vivido moralmente durante todo el período de la defensa conseguida hace imposible dar crédito al reproche que la representación obsesiva envuelve. Sólo esporádicamente, al emerger una nueva representación obsesiva, o en estados melancólicos de agotamiento del *yo*, logran crédito los síntomas patológicos del retorno. El carácter "obsesivo" de los productos psíquicos aquí descritos no tiene, en general, nada que ver con su aceptación como verdaderos, ni debe tampoco confundirse con aquel factor al que damos el nombre de "fuerza" o "intensidad" de una representación. Su carácter esencial es más bien la imposibilidad de hacerlos desaparecer por medio de la actividad psíquica capaz de conciencia, carácter que no varía por el hecho de que la representación obsesiva aparezca más o menos clara e intensa.

La causa de esta condición inatacable de la representación obsesiva o de sus derivados es su conexión con el recuerdo infantil reprimido, pues una vez que conseguimos hacer consciente tal recuerdo, para lo cual parecen bastar los métodos psicoterápicos, se desvanece la obsesión.

III. Análisis de un caso de paranoia crónica[29]

Desde hace mucho tiempo vengo sospechando que también la paranoia —o algún grupo de casos pertenecientes a la paranoia— es una neurosis de defensa, surgiendo, como la histeria y las representaciones obsesivas, de la represión de recuerdos penosos, y siendo determinada la forma de sus síntomas por el contenido de lo reprimido. Peculiar a la paranoia sería un mecanismo especial de la represión, como lo es la represión en la histeria por el proceso de la conversión en inervación somática, y en la neurosis obsesiva la sustitución (el desplazamiento a lo largo de ciertas categorías asociativas). Varios casos por mí observados se mostraban favorables a esta observación, pero no había encontrado ninguna que la demostrara totalmente, hasta que hace unos meses la bondad del doctor Breuer me permitió someter al psicoanálisis, con un fin terapéutico, el caso de una mujer de treinta y dos años, muy inteligente, cuya enfermedad había de diagnosticarse de paranoia crónica. Me apresuro a exponer en este trabajo los datos adquiridos en tal análisis por no tener probabilidades de estudiar la paranoia sino en casos aislados, y esperar que estas observaciones aisladas muevan a algún psiquíatra a incorporar la teoría de la "defensa" a la viva discusión actual sobre la naturaleza y el mecanismo de la paranoia. Por mi parte, con la observación única aquí expuesta no pretendo sino demostrar que se trata de un caso de psicosis de defensa,

---

[29] *Adición en 1924:* Quizá más exactamente, de *dementia paranoides*.

e indicar la posibilidad de que en el grupo de la "paranoia" existan otros de igual naturaleza.

La sujeto de este caso es una señora de treinta y dos años, casada hace tres, y madre de un niño de dos. Sus padres no padecieron enfermedad alguna nerviosa. En cambio, sus dos hermanas son neuróticas. Parece ser que hacia los veinte años padeció una depresión pasajera, con obnubilación del juicio; pero posteriormente gozó de salud y capacidad normales, hasta que seis meses después del nacimiento de su hijo se iniciaron en ella los primeros signos de su enfermedad actual. Comenzó por hacerse reservada y desconfiada, rehuyendo el trato con las hermanas de su marido y lamentándose de que los habitantes de la pequeña población de su residencia habían variado de conducta para con ella, mostrándose descorteses y negándole toda consideración. Poco a poco fueron ganando estas quejas en intensidad, aunque no en precisión. Se tenía contra ella algo que no podía adivinar. Pero no le cabía la menor duda de que todos —parientes y amigos— la desconsideraban y hacían lo posible por irritarla. Por más que se rompía la cabeza para averiguar el porqué de aquella mudanza, no lo conseguía. Algún tiempo después empezó a quejarse de ser observada de continuo por los vecinos, que adivinaban sus pensamientos y sabían todo lo que en su casa pasaba. Una tarde se le ocurrió de repente que la espiaban por la noche, mientras se desnudaba, y desde entonces este momento inició, al acostarse, toda una serie de complicadas medidas preventivas, no desnudándose sino a obscuras y después de meterse en la cama. Viendo que rehuía todo trato, aparecía constantemente deprimida y casi no se alimentaba, decidió la familia llevarla a un balneario durante el verano de 1895, pero el efecto de la cura de aguas fue desastroso, pues se intensificaron los síntomas ya existentes y aparecieron otros nuevos. Ya en la primavera anterior, hallándose un día la sujeto sola con su doncella, había experimentado una singular sensación en el regazo, pensando al sentirla que la muchacha que la acompañaba tenía en aquel momento un pensamiento indecoroso. Esta sensación se hizo durante el verano casi continua. "Sentía sus genitales como si sobre ellos gravitase el peso de una mano". Después comenzó a ver imágenes que la espantaban: alucinaciones de desnudos femeninos, especialmente el regazo femenino de una mujer adulta, y a veces también, genitales masculinos. La imagen del regazo femenino y la sensación de peso sobre sus propios genitales aparecían casi siempre unidas. Estas alucinaciones le eran especialmente penosas, pues surgían siempre que se hallaba con otra mujer, y las interpretaba suponiendo que las desnudeces que veía pertenecían a la persona con quien se hallaba, la cual, a su vez, la veía a ella en igual forma. Simultáneamente a estas alucinaciones visuales —que después de surgir durante la estancia en el balneario, desaparecieron por espacio de varios meses— comenzó a oír voces desconocidas, cuya procedencia no podía explicarse. Cuando iba por la calle oía: "Esa es Fulana. Ahí va. ¿Dónde iría?". Se comentaban todos sus actos y ademanes, y a veces oía amenazas y reproches. Todos estos síntomas se intensificaban cuando se hallaba en sociedad o salía a la calle; todo lo cual la hizo encerrarse en su casa. Poco después comenzó a negarse a comer, alegando repugnancia y náuseas, desmejorándose así rápidamente.

Todo esto lo supe cuando en el invierno de 1895 me fue confiada la enferma para su tratamiento. Lo he expuesto al detalle para hacer presente que se trata de una forma muy frecuente de paranoia crónica; diagnóstico con el cual armonizan otros detalles sintomáticos que más adelante expondré. Al principio no pude comprobar la existencia de delirios interpretadores de las alucinaciones, bien porque la enferma me los ocultase, bien porque no hubiesen surgido todavía. La sujeto conservaba intacta su inteligencia, siéndome únicamente referido, como detalle singular, la circunstancia de haber hecho venir a su casa repetidas veces a su hermano, alegando tener que confiarle algo, pero sin llegar nunca a la anunciada confidencia. No hablaba nunca de sus alucinaciones, y en la última época tampoco se refería sino muy raras veces a las persecuciones de que era objeto.

Lo que sobre ésta enferma me propongo exponer se refiere principalmente a la etiología del caso y al mecanismo de las alucinaciones. La etiología se me reveló al aplicar a la enferma, como si se tratase de una histérica, el método de Breuer para la investigación y supresión de las alucinaciones. Al obrar así partí del supuesto de que en esta paranoia debían existir, como en las otras dos neurosis de defensa por mí estudiadas, pensamientos inconscientes y recuerdos reprimidos, susceptibles de ser atraídos a la conciencia, venciendo una determinada resistencia. La enferma confirmó en seguida esta hipótesis, comportándose en el análisis exactamente como, por ejemplo, una histérica, y produciendo bajo la presión de mis manos (véanse mis *Estudios sobre la histeria*)[30] ideas que no recordaba haber tenido, que no comprendía en un principio y que contradecían sus esperanzas. Quedaba, pues, demostrado que también en un caso de paranoia existían importantes ideas inconscientes, dándose así la posibilidad de referir también a la represión la obsesión de la paranoia. Únicamente resultaba singular el hecho de que la enferma oía interiormente, a modo de alucinación, los datos procedentes de su inconsciente.

Con respecto al origen de las alucinaciones visuales descubrí que la imagen del regazo femenino coincidía casi siempre con la sensación de peso sobre sus propios genitales; pero que esta última vez era casi constante, y se presentaba muy frecuentemente sola.

---

[30] Tomo X de estas *Obras Completas.*

Las primeras imágenes de desnudos femeninos habían surgido en el balneario pocas horas después de haber visto efectivamente la sujeto a otras bañistas desnudas en la piscina general. Eran, pues, simples reproducciones de una impresión real, habiendo de suponerse que si tales impresiones se reproducían era porque la paciente había enlazado a ellas un intenso interés. Como explicación manifestó la sujeto que había sentido vergüenza por aquellas mujeres que se mostraban en tal forma, y que desde entonces se avergonzaba de desnudarse ante cualquier persona. Habiendo de considerar este pudor como algo obsesivo, deduje, conforme al mecanismo de la defensa, que la paciente debía de mantener reprimido el recuerdo de un suceso en el que no se había avergonzado, y la invité a dejar emerger todas aquellas reminiscencias relacionadas con el tema del pudor. Rápidamente, reprodujo entonces una serie de escenas, desde los diecisiete a los ocho años, en las que se había avergonzado de hallarse desnuda ante su madre, su hermano o el médico. Por último, esta serie de recuerdos culminó con el de haberse desnudado una noche, teniendo seis años, ante su hermano, sin haber sentido vergüenza ninguna. A mis preguntas confesó que tal escena se había repetido muchas veces, pues durante varios años habían tenido ella y su hermano la costumbre de mostrarse mutuamente sus desnudeces al ir a acostarse. Esta confesión me explicó su repentina idea obsesiva de que la espiaban mientras se desnudaba para acostarse. Tratábase de un fragmento no modificado del antiguo recuerdo reprochable, y la sujeto sentía ahora la vergüenza que antes no había experimentado.

La sospecha de que también en este caso se trataba de relaciones sexuales infantiles, tan frecuentes en la etiología de la histeria, quedó confirmada por los progresos del análisis, los cuales proporcionaron al mismo tiempo la solución de ciertos detalles muy frecuentes en el cuadro de la paranoia. El principio de la enfermedad coincidió con un disgusto entre su marido y su hermano, el cual se vio obligado a no volver a casa. La sujeto, que había querido siempre mucho a su hermano, le echó extraordinariamente de menos durante este tiempo. Además, hablaba de un momento de su enfermedad en que "se lo explicó todo", esto es, en el que llegó al convencimiento de que sus sospechas de que todos la despreciaban y la herían intencionadamente eran una realidad. Esta convicción se le impuso un día en que, hablando con su cuñada, oyó decir a esta: "Si a mí me pasara algo semejante, no me preocuparía lo más mínimo". Al principio no paró mientes la sujeto en estas palabras; pero después de irse su cuñada le pareció que contenía un reproche, como si la hubiera querido tachar de despreocupada, y a partir de este momento tuvo por seguro que todo el mundo la criticaba. Interrogada por mí sobre el motivo que había tenido para suponer que su cuñada se refería a ella con aquellas palabras, me respondió que el tono con que las había pronunciado le había convencido de ello, si bien este convencimiento no surgió en el momento de oírlas, sino algún tiempo después, detalle característico de la paranoia. En el curso del análisis la obligué a recordar la conversación que había precedido a aquellas manifestaciones de su cuñada, resultando que esta última se había referido a los disgustos que sus hermanos habían originado en la familia, añadiendo la observación siguiente: "En toda familia pasan cosas que deben ocultarse. Pero si a mí me sucediera algo semejante, me tendría sin cuidado". La sujeto hubo de confesarse entonces que la causa verdadera de sus ideas de persecución había sido la primera frase. "En toda familia pasan cosas que deben ocultarse". Ahora bien: habiendo reprimido esta frase, que podía despertar en ella el recuerdo de sus relaciones infantiles con su hermano y recordando tan solo la segunda, carente de significación, tenía que enlazar a esta última la impresión de que su cuñada le hacía objeto de un reproche, y como el contenido mismo de la frase no ofrecía punto alguno de apoyo que justificase tal idea, hubo de fundamentarla en el tono con que había sido pronunciada. Hallamos aquí una prueba probablemente típica de que los errores de interpretación de la paranoia reposan sobre una represión.

En el curso ulterior del análisis quedó también explicada la siguiente conducta de la sujeto al hacer venir repetidamente a su hermano alegando la necesidad de comunicarle algo para luego no cumplir tal anuncio. Según la propia enferma, obró así porque creía que sólo con verla comprendería su hermano sus padecimientos. Siendo su hermano realmente la única persona que podía saber la etiología de su enfermedad, resultaba que la sujeto había obrado a impulsos de un motivo que no comprendía, desde luego, conscientemente, pero que se demostraba plenamente justificada en cuanto se la adscribía un sentido inconsciente.

Conseguí después llevar a la sujeto a la reproducción de las diversas escenas en las que habían culminado sus relaciones sexuales con su hermano (desde los seis a los diez años). Durante esta labor de reproducción se presentó la sensación de peso en el regazo, como sucede regularmente en el análisis de restos mnémicos histéricos. La visión de un regazo femenino desnudo (pero reducido ahora a proporciones infantiles y sin los caracteres propios de la madurez sexual) acompañaba o no a la sensación de peso, según que la escena correspondiente se había desarrollado con luz o en la obscuridad. También la aversión a los alimentos halló su explicación en un detalle repugnante de estos sucesos. Después de la reproducción de toda esta serie de escenas desaparecieron la sensación de peso y las alucinaciones visuales, para no volver a surgir, por lo menos, hasta el día.

Todo esto me descubrió que las alucinaciones descritas no eran sino fragmentos del contenido de los sucesos infantiles reprimidos, o sea, síntomas del retorno de lo reprimido.

Pasé entonces al análisis de las voces. Tratábase, ante todo, de aclarar por qué frases tan inocentes como las de "Ahí va Fulana", "Está buscando casa", etc., podían causar a la sujeto una impresión tan penosa, hallando luego la razón de que estas frases indiferentes hubiesen llegado a recibir una intensificación alucinatoria. Desde luego, aparecía claro que tales "voces" no podían ser recuerdos alucinatoriamente reproducidos, como las imágenes y las sensaciones, sino más bien pensamientos que se habían hecho audibles.

La primera vez que oyó voces fue en las siguientes circunstancias: Había leído con gran interés la bella narración de O. Ludwig titulada *Die Heiterethei*, lectura que la había sugerido infinidad de pensamientos. Inmediatamente, había salido a pasear por la carretera, y al pasar ante la casita de unos labradores había oído unas voces que le decían: "Así era la casita de la Heiterethei. Mira la fuente y el matorral. ¡Qué feliz era en su pobreza!" Luego le repitieron las voces pasajes enteros de su reciente lectura, pero sin que pudiera explicarse por qué la casa, el matorral y la fuente de la Heiterethei y los trozos menos importantes de toda la obra eran lo que precisamente se imponía a su atención con energía patológica. Sin embargo, no era difícil la solución del enigma. El análisis mostró que durante la lectura habían surgido en ella otros distintos pensamientos, siendo también otros pasajes de la obra los que más le habían interesado. Pero contra todo este material —analogías entre la pareja de la narración y la que ella formaba con su marido, recuerdos de intimidades de su vida conyugal y de secretos de familia—; contra todo este material, repito, se había alzado una resistencia represora, pues el mismo se enlazaba por una serie de asociaciones fácilmente evidenciables a su repugnancia sexual, y así, en último término, al despertar de los antiguos sucesos infantiles. A consecuencia de esta censura ejercida por la represión, recibieron los referidos pasajes inocentes e idílicos, enlazados también con los rechazados por el contraste y la vecindad, la intensificación que les permitió hacerse audibles. La primera de las circunstancias reprimidas se refería, por ejemplo, a las críticas que la vida solitaria de la heroína de la narración inspiraba a sus vecinos. No era difícil para la paciente establecer aquí una analogía entre el personaje novelesco y su propia persona. También ella vivía en un pueblo, sin tratarse casi con nadie, y también se creía criticada por sus vecinos. Esta desconfianza hacia sus vecinos tenía un fundamento real. Al casarse, había ido a vivir con su marido a una casa de varios pisos, instalando su alcoba en un cuarto colindante al de otros inquilinos. En los primeros días de su matrimonio —sin duda por el despertar inconsciente del recuerdo de sus relaciones infantiles en las que había jugado con su hermano a ser marido y mujer— surgió en ella un gran pudor sexual que la hacía preocuparse constantemente de que los vecinos pudieran oír alguna palabra o algún ruido a través del tabique, preocupación que acabó transformándose en desconfianza hacia los vecinos.

Así, pues, las voces debían su génesis a la represión de pensamientos, que en el fondo constituían reproches con ocasión de un suceso análogo al trauma infantil, siendo, por lo tanto, síntomas del retorno de lo reprimido y al mismo tiempo consecuencias de una transacción entre la resistencia del *yo* y el poder de dicho retorno, transacción que en este caso había producido una deformación absoluta de los elementos correspondientes, resultando estos irreconocibles. En otras ocasiones en que pude analizar las voces oídas por esta enferma resultaba menor la deformación, pero las palabras percibidas presentaban siempre una imprecisión muy diplomática, apareciendo profundamente escondida la alusión penosa y disfrazada la coherencia de las distintas frases por la elección de giros desacostumbrados, etc., caracteres todos comunes a las alucinaciones auditivas de los paranoicos, y en los que veo la huella de la deformación causada por la transacción. La frase "Ahí va Fulana. Está buscando casa", integraba la amenaza de que no curaría nunca, pues para someterse al tratamiento se había instalado provisionalmente en Viena, y yo le había prometido que al terminar aquel podría volver al pueblo en que residía con su marido.

En algunos casos percibía también la sujeto amenazas más precisas. Por lo que en general sé de los paranoicos, me inclino a suponer una paralización paulatina de la resistencia que debilita los reproches, resultando así que la defensa acaba por fracasar totalmente y que el reproche primitivo que el paciente quería ahorrarse retorna sin modificación alguna. De todos modos, no sé si se trata de un proceso constante, ni si la censura contra los reproches puede faltar desde un principio o perseverar hasta el fin.

Sólo me queda utilizar los datos adquiridos en el análisis de este caso de paranoia para una comparación entre tal enfermedad y la neurosis obsesiva. Tanto en una como en otra se nos muestra la represión como el nódulo del mecanismo psíquico, siendo en ambos casos lo reprimido un suceso sexual infantil. Todas las obsesiones proceden también en esta paranoia de la represión. Los síntomas de la paranoia son susceptibles de una clasificación análoga a la que llevamos a cabo con los de la neurosis obsesiva. Una parte de los síntomas —las ideas delirantes de desconfianza y persecución— procede de nuevo de la defensa primaria. En la neurosis obsesiva, el reproche inicial ha sido reprimido por la formación del síntoma primario de la defensa, o sea, por la desconfianza en sí mismo. Con ello queda reconocida la justicia del reproche. En la paranoia, el reproche es reprimido por un procedimiento al que podemos dar el nombre de *proyección*, transfiriéndose la desconfianza sobre otras personas.

Otros síntomas del caso de paranoia descrito deben ser considerados como síntomas de retorno de lo reprimido, y muestran también, como los de la neurosis obsesiva, las huellas de la transacción que les ha permitido llegar a la conciencia. Así sucede con la idea de ser espiada al desnudarse y con las alucinaciones visuales, táctiles y auditivas. La idea citada entraña un contenido mnémico casi no modificado que sólo adolece de imprecisión. El retorno de lo reprimido en imágenes visuales se acerca más bien al carácter de la histeria que al de la neurosis obsesiva, si bien la histeria acostumbra repetir sin modificación alguna sus símbolos mnémicos, mientras que la alucinación mnémica paranoica experimenta una deformación análoga a la que tiene efecto en la neurosis obsesiva. Así, en lugar de la imagen reprimida surge una análoga actual (en nuestro caso el regazo de una mujer adulta en lugar del de una niña). En cambio, es absolutamente peculiar a la paranoia el retorno de los reproches reprimidos en forma de alucinación auditiva, para lo cual tienen tales reproches que pasar por una doble deformación.

El tercer grupo de los síntomas hallados en la neurosis obsesiva, o sea, el de los síntomas de la defensa secundaria, no puede existir como tal en la paranoia, puesto que los síntomas del retorno encuentran crédito sin que se alce contra ello defensa ninguna. Pero, en cambio, presenta la paranoia una tercera fuente de la formación de síntomas. Las ideas delirantes que la transacción lleva a la conciencia plantean a la labor mental del *yo* la tarea de hacerlas admisibles sin objeción alguna. Ahora bien: siendo por sí mismas inmodificables, tiene el *yo* que adaptarse a ellas, y de este modo corresponde aquí a los síntomas de la defensa secundaria propia de la neurosis obsesiva la manía de interpretación que termina en una modificación del *yo*. Nuestro caso era incompleto en este punto, pues en la época de su tratamiento no mostró ninguna de estas tentativas de interpretación, las cuales surgieron más tarde. Pero, de todos modos, creo indudable que la aplicación del psicoanálisis a este estadio de la paranoia ha de darnos un importante resultado. Hallaremos, en efecto, que la debilidad de la memoria de los paranoicos es de carácter tendencioso, siendo motivada por la represión a cuyos fines coadyuva. Son, en efecto, reprimidos y sustituidos, *a posteriori*, aquellos recuerdos nada patógenos, pero que se hallan en contradicción con la modificación del *yo*, imperiosamente exigida por los síntomas del retorno.

ÍNDICE

Obras Completas de Sigmund Freud
Tomo XI

Impreso en los talleres de
DocuMaster
(Master Copy, S. A. de C. V.)
Plásticos #84, Local 2, ala sur,
Fracc. Industrial Alce Blanco,
Naucalpan de Juárez, C. P. 53370.

www.ingramcontent.com/pod-product-compliance
Ingram Content Group UK Ltd.
Pitfield, Milton Keynes, MK11 3LW, UK
UKHW042003190726
13854UKWH00005B/2149

9 786078 688562